いまはまだない仕事に
やがてつく君たちへ

建築家・三浦丈典が
未来への悩みにこたえる

三浦丈典 著

彰国社

TEA

まえがき

リュックの中身

三浦文典

どんな人もじぶんの生まれる時代はじぶんで選べません。

その人の努力や才能とは関係なく、ぼくたちはみな「じぶんが生きる時代」を与えられ、その時代の知識や技術のなかで学び、そこで得たものをなんらかのかたちで社会に還元し、そしてつぎの世代へ引き継いでいくという定めがあります。じぶんの人生や価値観、個性というのはじつは大部分がその時代によってつくられていくのです。もしエジソンが生まれるのが１００年早かったとしたら、まったくの凡人だったかもしれません。

そして同時に、ぼくたちはみな平等にこの時代を生きるフロントランナーです。誰も立ち入ったことのない未踏の地を全員で模索しながら手探りで進んでいる状態です。その先がどんな地形でどんな猛獣が潜んでいるか、じつは誰もわかりません。

「じぶんのリュックに詰め込んだ武器や装備はこれからつかえるのだろうか？」

世界が大転換しようとしているいま、むしろほとんど役立たないと考えるほうが自然でしょう。

２００８年をピークに日本の人口は急激な減少へとシフトしました。未体験の少子高齢化が進み、過疎化するまちや村が増え、空き家も目立つようになりました。破壊力を増す自然災害によって日常は一瞬ではかなく損なわれることも経験しています。情報技術はますます発達し、個人が世界とダイレクトにつながることによって、どこにいてもあらゆる買物ができ、ささいな言動が大きな問題を巻き起こすようにもなりました。そういった要因が複雑にからみ合い、ぼくたちの暮らし、まちの風景も大きく変わりつつあります。数百年後に歴史を振り返るとすると、この10～20年間は、大きな変曲点だったと認識されるでしょう。時代を選べないのであれば、せめてその時代の風を大きな帆で精一杯受けて力強く進む船でありたい。

ぼくの職業は建築家です。

けれども、建築をつくることだけが仕事になっていた時代はすでに終わってしまいました。世の中が多様化して、それが万能な答えやゴールではなくなってしまったし、限られた予算やスケジュール、そして社会の持続性を考えると、建築はときにあまりに鈍重で大袈裟で、維持に手間がかかるからです。

そこでじぶんの仕事というものを、もう一度組み立て直すことにこの10年を費やしました。すでにある職域や職業名という決まりごとからなるべく自由になって、じぶんの好きなこと、得意なことを、いまの、そして未来の社会へ役立つものへと仕立てあげること。不安や失敗はつきものだし、日々刻々と起こる問題に対応することで精一杯のときもあるけれど、それによっていままで感じていたしがらみや閉塞感、劣等感から解放され、それまで出会うことのなかったたくさんの仲間や同志たちに出会うことができました。

本書は、日本各地で出会った子どもたち、高校生や大学生、就職に迷う人や独立前後の人、子育て中のパパママからお年寄りまで、さまざまな人たちから寄せられた悩みについて、頭を悩ませながら答えようとしています。

ぼくにできることはじぶんの経験してきた仕事、そのときの思いを伝えることだけですが、激変する社会の荒波にもまれながら、いままで大事だと思っていたリュックの中の荷物を捨て、代わりに新しい道具を拾い上げることでようやく、未来を恐れ過ぎず、勇気を持って立ち向かえるようになりました。

その物語を伝えることで、この時代という同じ船に乗る船員のみなさんを、ほんの少しでも勇気づけることができればうれしいです。

INDEX

ブックデザイン 氏デザイン
装画 三浦瑚々
本文イラスト 三浦丈典

Q01

時代は大きく変わりつつあると聞きました。これからの社会でいちばん必要な能力はなんだと思いますか。

じぶんを大切にする態度、じぶんの気持ちに正直に耳を傾ける習慣だと思います。勇気と尊厳を持って。

社会の仕組みが大きく変わろうとしているとき、いままでの常識が役に立たないばかりか、むしろ逆効果であることもあります。そんなとき、**ルールや前提にとらわれることなく、ささやかな疑問や違和感を大切にしながら、それにしたがって行動に移せるか。**そしてそのうえで、じぶんの力でどうにかなることなのか、それともどうにもならないことなのか、最低限の分別がつく知性が育てばとてもいいですよね。

7年間勤めていた設計事務所から独立し、貯金も仕事もまるでなかった30過ぎのとき、ぼくは結婚を決めていた彼女と新居を探すことになりました。お互い東京の実家暮らしだったため、どちらかの家に転がり込むわけにもいかず、かといって彼女はフリーの写真家で、ふたりとも銀行のローンなど望めません。中古マンションを一部屋買ってかっこよく改造しておしゃれに住もう、という夢ははかなく崩れ去りました。

ふつうに考えると残された選択肢は賃貸マンションになるのですが、一列にならぶ同じ扉の向こう側で、壁に釘ひとつ打てずに気を遣いながら洗濯機を回すマンション暮らしに、ぼくはどうしてもリアリティを感じることができませんでした。いまだからわかるのだけど、「まわりはみんな受け入れているのに自分にはそれができない状況」というのは、じぶんを責めることではなく、むしろたいせつな宝物を見つけたこととほとんど同じです。その瞬間をしっかりと捕まえて、どうか逃さないようにしてください。

そのときぼくがなにをしたかというと、高校時代の悪友、鴨下くん（通称カモ）のお父さんが池袋周辺の大地主さんであることを思い出し、ダメもとで彼に電話しました。

「事故物件でもおばけ屋敷でもなんでもいいから、ほかに借り手がつかなくて、できれば好きなように改造できる物件なんて……ないよね」

つぎの日彼から電話がかかってきました。

「1軒あるにはあるんだけど……さすがにタケでも住めないと思うよ。あそこは」

ぼくはそこに住むことになると直感的に思いました。

Q02

やりたいことはあるのですが、安定を考えると大企業に勧めたほうがいいと思いますか。

知っていますか。

大企業が安定し、お給料も高いという定説はすでに成り立ちません。経済新聞を見ればそれはもうすっかり明らかだし、あなた自身もすでにわかっているものの、信頼する親や先輩が「そうは言ってもね……」と言っていることを自分の価値観のようになんとなく受け入れていませんか。自分の身のまわりに無意識に薄い膜のようなものを掛けて、社会で起きていることを遠ざけるのは止めましょう(むかしのぼくがそうでした)。上の世代にとってはそれは真実で、彼らが嘘をついているわけではありません。でも彼らのあとの世界を生きるのはあなたです。

いままでは経済的な豊かさが幸せの指標になる時代でした。経済成長が鈍り、ばら色の未来を無邪気に信じられなくなったいま、お金だけを求めて生きていくのは正直しんどい。

これからはお金の代わりに自分なりの幸せの尺度をえらぶ時代になります。ならざるをえません。お金はないけど時間はある、仲間がいる、豊かな自然がある……なにを大切にして生きていくか、選択肢はむしろ広がっていると言えます。ぼくはぜったいそういう時代のほうが好き。

カモに案内されたその家は、要町駅から歩いて数分、山手通りから細い砂利道を分け入ったつき当たりにありました。木造2階建ての板張りの古い一軒家で、割れたガラス窓は板でバツ印で塞がれています。玄関の引き戸が傾いてびくともしなかったため、割れていないほうの窓を慎重にはずし、よじ登って中に入るとそこには異様な光景がありました。家具も生活用品もすべて残されていて、こたつの上には飲みかけの湯のみまで置いてありました。そしてあらゆるすべてのものに分厚い埃がかぶっていました。天井の隅にあしながら蜂の大きな巣があり、蜂たちが慣れない来訪者に興奮してぶんぶんと威嚇しています。

聞くところによると、その家は身寄りのないおばあちゃんがひとりで暮らしていて、ある日家で倒れ、そのまま入院して病院で亡くなったとのことでした。荷物を片付ける親類もなく、古い家でつぎの借り手もつかないだろうということでそのまま20年ほど放置されていて、いずれ周辺の土地と一体で大きなマンションに開発されるのを、ただただ待っているという状態でした。

「まわりの家の立ち退きも遅れているみたいだから、このままの状態でよかったら3年は好きにつかっていいってよ。家賃はいらないって。いままで不審者やのら猫が入ってきて火事の心配もあったから、住んでくれたらむしろうれしいってよ」

カモはまだ信じられないという表情でぼくの反応をうかがっていました。

地方は言うまでもなく、都心ですらこういった空き家はこれからますます増えていきます。改修はおろか解体費用すらままならないオーナーも少なくありません。築古物件を借主が自腹で改修する条件で貸し出すのは「あり」だと思います。空き物件の固定資産税はこれから引き上げられるでしょうから、不動産オーナーはみずから出資せず、建て替えるよりもリスクが少なく、環境にもいいことは言うまでもありません。要は困っている人どうしのマッチングなのだと思います。

ぼくと彼女ふたりで用意できる現金は200万円ちょっと。3年間の家賃が月5・5万円としても、都内の一軒家としては破格。その家賃がタダならばと、とにかく限られた予算でこの家を住める状態にする具体的な方法を考え始めました。

工務店に頼む余裕はないので、工事はできるかぎり自分たちでやることにしました。まず神主さんを呼んで塩をまいてお祓いしてもらったあと、家財道具は手を合わせて祈りながらぼくが粗大ごみとしてせっせと処分しました。蜂の巣はヘルメットにラップを張り付け、えいとひき引きちぎりごみ袋に押し込めました。幸い暇な友人たちが、興味本位に入れ替わり立ち替わり手伝ってくれて、むずかしい下地づくりや設備工事に関しては近所の大工さんや職人さんたちに、仕事の合間に日払いで手伝ってもらいました。浴槽や洗面台は、仕事でお世話になっている販売店から、売りに出せないB級品や展示品をタダ同然で譲ってもらいました。

むしろ最大の難関は婚約者の説得でした。最初にこの家を見せたら絶対に嫌がられると思い、いろいろ理由をつけては足止めし、おばあちゃんのぬくもりがある程度片付いた段階で、まず改修後の図面を見せてから現場を案内しました。そのとき彼女を説得するために、ぼくはある作戦を仕込んでいたのです。

設備やセキュリティに関して言えば、瀟洒《しょうしゃ》なマンション暮らしにかなうわけがありません。だからこそ、そこでは絶対できないような三つの仕掛けを施しました。ひとつめは彼女のために写真現像用の暗室をつくること。真っ暗で、大きな現像機が置けて、専用の流しも配備。ふたつめはキッチンの壁をまるでパリのアパルトマンのように真っ赤なタイルにすること。そして最後に、もともと外の洗濯機置き場だったところに屋根をかけて、猫足のバスタブを置くことです。

そんなくだらないこと、と思うかもしれないけれど、彼女はよろこんでくれました。いや、むしろすでに走り出しているぼくをあきらめて受け入れてくれたのかも。三つの提案はすべて、そんなにお金のかかることではありません。でも不特定多数の人向けの間取りでは実現できないし、ぼくたちがつかいたい材料や設備は、マンションデベロッパーが二の足を踏むようなものばかりです。

つまり、いま流通している賃貸マンションというのは供給側のリスク回避のために、住まい手の生活の豊かさや楽しさをあきらめるよう仕向けられています。**つかい手の希望ではなく、売り手の都合で決まっているのです。**

そのときのぼくたちは、お金はなかったけれど時間と体力はありました。ホームセンターやインターネットで、材料や工具はじつはとても安く買うことができます。工事が少しくらい雑でペンキがはみ出していても、じぶんたちであれば笑い飛ばし、それが思い出になります。じぶんでつくれば補修や修理もお手の物。工期は大幅に延びたけれども、家具や家電すべて含めて結果的には２００万円で夢いっぱいの家をつくることができました。

その過程でたくさんの友だちと忘れられない時間を過ごし、カモパパは仕上がりを見てびっくりしてよろこんでくれました。ぼくと彼女は生まれたばかりの子犬の里親になり、2階の窓の目の前に咲く桜にちなんで「さくら」と名づけました。

Q03

建築は好きなのですが、デザインや数学のセンスがなく、成績もあまりよくありません。それでも大丈夫ですか。

設計の仕事に限らず、働くうえでいちばんたいせつなことは想像力だと思います。デザインのセンスや数学のスキルはあるに越したことはないけれど、なくてもどうにかなりますよ。それよりも相手の気持ちを想像し、未来の風景を想像し、それにもとづいて行動することがなによりも重要で、それができないと仕事のあらゆる場面で苦労し、じぶんがストレスを受け、まわりにも与えることになります。ぼくがいつも想像するのは、「自分がいなくなったあとの世界」についてです。

これはたとえばひとつのプロジェクトが終わって、もう現場に来ることがなくなっていく状況のことでもあり、あるいはじぶんが死んだあとのこの地球のことでもあります。どちらにせよ、**ぼくが直接的になにかを働きかけなくても、そこがよき場所であり続けてほしい、という祈りにも似た思いです。**設計者はともすると建物が完成し、つぎの戦場へと気持ちを切り替えてしまいます。この気持ちはよくわかるのだけど、その何十倍もの時間をその建物で過ごす人たちにとって、戦いはむしろこれからです。そこに対する想像力は持っておきたい。こういったことを本能的に気にかけるようになったのは、ぼく自身が親になったからかもしれません。

要町の家には結局6年間住みました。3年を過ぎてもあたりの立ち退きは進まず、あと1年、あと1年、と更新することで、6年がたち、退去時もぼくたちの都合によるものでした。そのあいだはずっと家賃なしだったので、結果的に生活費はかなり安く抑えられました。暑さ寒さとの戦いの連続で、いろんなところが壊れては直す、の繰り返しでしたが、たくさんの友だちが興味津々遊びにやってきて、新婚生活らしい瑞々しい思い出がたくさん刻まれました。

退去が決まりカモパパのもとへ挨拶にいき、あらんかぎりの感謝を伝えました。そしてこの2階建ての家がまだ十分住める魅力的な「物件」であり、自信を持ってほかの人に貸し出せること、その場合の家賃はおそらく12〜15万円くらいが相場であることを伝えました。そうしたらカモパパはこう言ったのです。

「タケちゃん、もともと一銭にもならなかった家をこんなにきれいに生まれ変わらせてくれてありがとう。近所の人たちもあなたたち夫婦が住んでくれたことをとてもよろこんでいた。ぼくはもうそれで十分だし、もしこのあと住んでくれる人がいるのなら贅沢は言わない。7万円くらいで十分だよ」

いまのぼくであれば、それを聞いて7万円で引き続き借り上げ、誰かに12万でサブリースしたでしょう。でも当時のぼくは無知で純粋であったため、こう答えました。

「ほんとうに7万円でいいんですか。であればぼくの知り合いが誰か借りたいと言うかもしれません。ぼくのほうで知人に声をかけてもいいですか?」

そんなことまでお願いしていいの、もしそうしてくれるのであればとても助かる、とカモパパは目を細めました。

その晩、さっそくフェイスブックで、家の写真と住所、家賃を書き込んだうえで募集してみました。するとわずか30分ほどのあいだに入居希望者が20人以上集まってしまいました。そして見事最初に書き込みがあった松村さんという知り合いが住人に決まりました。

しかも松村さんはカモパパの信頼を見事に勝ち取り、近所の家が空き家になるたびにそれを1軒7万円で借り上げ、それらを外国人観光客向けの宿泊施設群として経営しているのです。貸し主が並びに住んでいるため、ゲストと近隣住民とのもめごとはなく、むしろ近所の高齢者の方々はおとずれる外国人たちとの塀越しのふれあいを楽しんでいるようでした。松村さんは本業以外に稼ぎが生まれ、カモパパも全員立ち退きが済むまでの空き家を、信頼するひとりの相手に定期借家することでストレスなく維持費以上の収入が入りました。

　思い出のたくさん詰まったこの場所が、自分が立ち去ったあとも幸せな物語として紡がれていくことの充足感は、どんなにきれいでかっこいい建物が生まれる瞬間よりも、素敵なことのように思えました。

CASE 1

つかい手のない空き家を最小限の投資で活用する

――「要町の家」の場合

所在地	
東京都豊島区	
構造・規模	
木造・2階建て（築70年程度）	
延床面積	建設費
65㎡	250万円
特記事項	
前住人（故人）の家財道具残置、あしなが蜂、のら猫あり。家賃無料	

□幅2メートル未満の接道を逆手にとる

災害時の避難や緊急車両の接近を確保するために、建築基準法第43条の規定により、建築物の敷地は「道路」に2ｍ（ないし3ｍ）以上接しなければならないと決められています。そしてその道路とは、同42条で定義されていて、原則として幅4ｍ以上で、一般の交通に利用されていなければなりません。

「要町の家」の目の前の砂利道は幅2ｍ以下で車は通れないため、現在の法規では敷地として見なされず、建物を解体してその場所に新築することができません。建て替えようとすると、道路までつながる土地と一体化し、開発するほかないのです。

このような土地は都会、田舎にかかわらず、古い街並みが残るエリアにはまだたくさん存在していて、改修活用されるのはそのごく一部です。解体されず空き家のまま放置されることも多いのが現状で、だからこそ相場より安く買ったり借りたりすることができます。

〈改修費用内訳（概算）〉

解体ごみ処分費	10万円
建築材料費	50万円
衛生器具費	20万円
設備工事費（業者）	20万円
電気工事費（業者）	20万円
新規家電製品	40万円
大工さん日当	30万円
食事代	10万円
合計	200万円

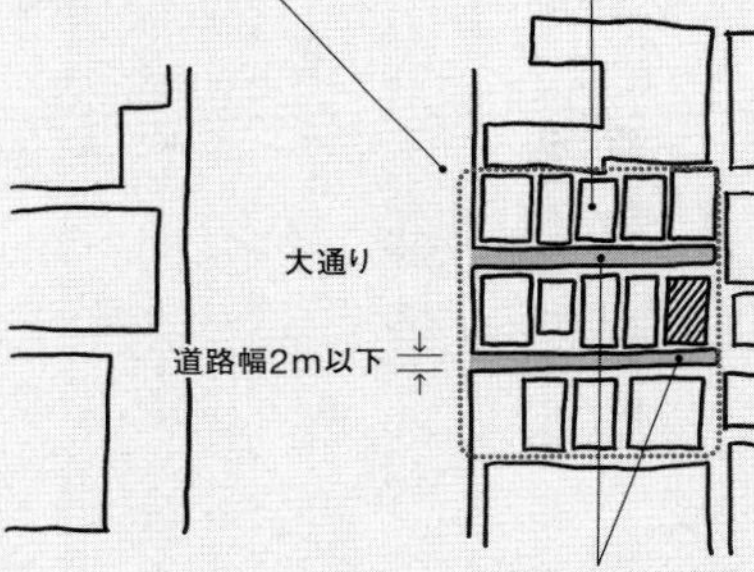

□改修費200万円はホームセンターを活用

ローコストを実現する際にいちばん重要なことは、自分ができることとできないことを的確に線引きすることです。ほとんどの建設資材はホームセンターやインターネットで安く買うことができます。そのため内装工事などは根気と許容力さえあればほとんど自前でできてしまうでしょう。問題となるのは買うとばかにならない工具と、設備工事一般です。

「要町の家」の場合は近所の大工さんが時間外で応援してくれたことが大きくて、設備工事に関しても材料などは自分たちで用意しておき、手ぶらでやってきた設備屋さんの日当だけで済むよう努力しました。

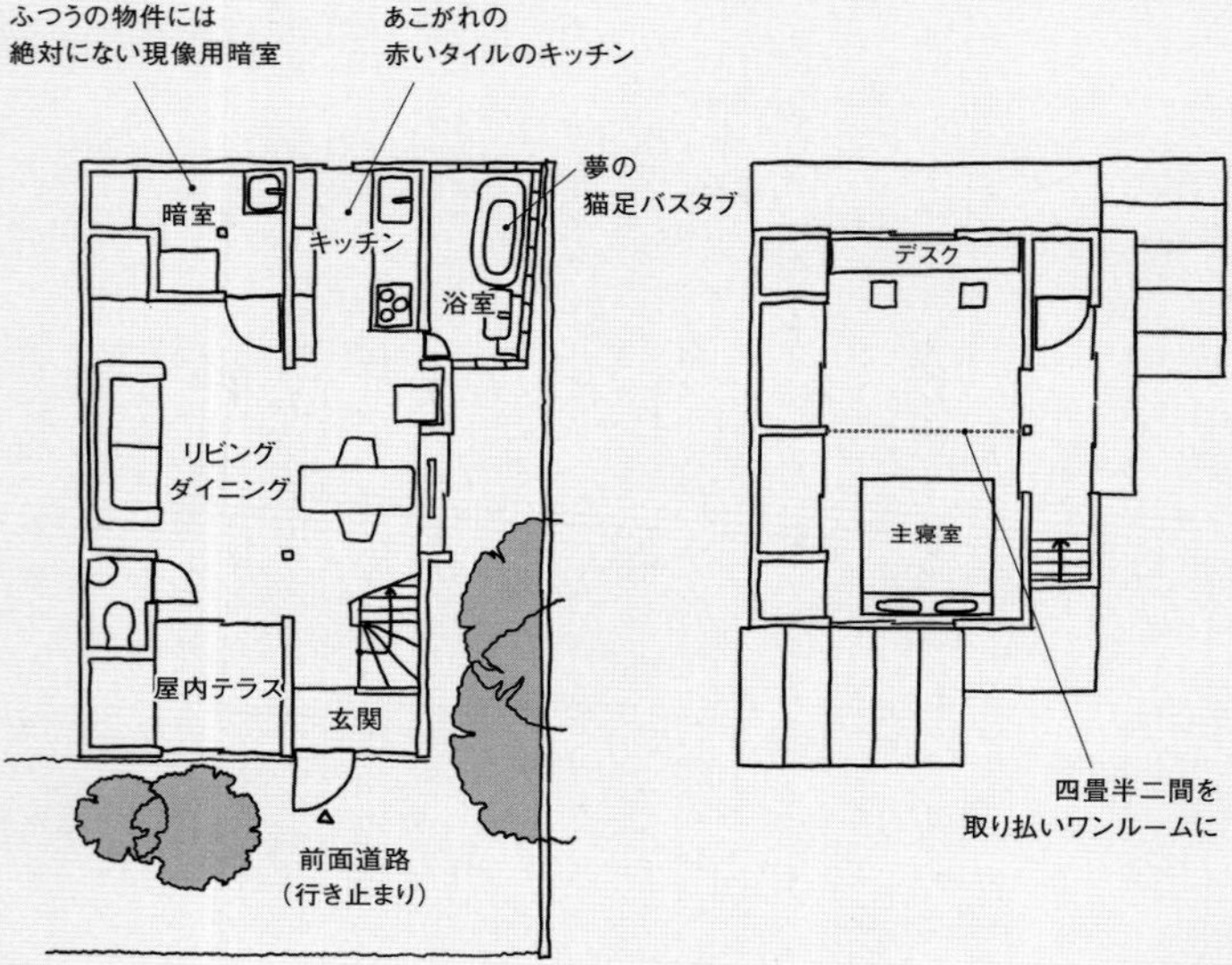

□土地の値段の0・3％を暗算しておく

不動産オーナーにとって、気がかりなのは物件を維持するコストです。かといって信頼関係を築く前に借主があれこれ詮索するとかえって警戒されるでしょう。大まかでいいので、その物件の固定資産税をその場で暗算でぱっと出せるようになると、交渉がスムーズになるばかりか、事業全体のイメージをあなたがつかみやすくなります。

固定資産税額＝固定資産税評価額×税率（標準税率：1・4％）

という原則がありますが、古い家の場合は建物の評価額がゼロに近づいていくので、評価額≒土地の値段となり、住宅用地の特例で、小規模の住宅用地に関しては評価額が6分の1に減免されます。

よって、ざっくりと

固定資産税額（年間）＝土地の値段×0・3％

くらいで覚えておきましょう。

□**1坪5〜6万円**の解体費用を頭の片隅に

古い建物を所有している不動産オーナーにとって、固定資産税と同じくらい重要な数字として建物の解体費用があります。状況によって差はありますが、木造建物の場合、延床面積に対して5〜6万円／坪、鉄骨造やRC造の場合はその2〜3割アップ、といったところです。

「ここを更地にして駐車場にしておくと……」というほとんどのオーナーが考える選択肢も素早く実際の数字に置き換える癖をつくりましょう。借りる側の条件や希望を一方的に伝えるのではなく、オーナーの懐事情を推し量りながら進めることは、交渉をよりクリエイティブに、楽しく実りあるものにします。相手のお財布と気持ち（市場と感情）を同時に想像し、慣習にとらわれることなくお互いにとってよい条件、関係を発明しましょう。

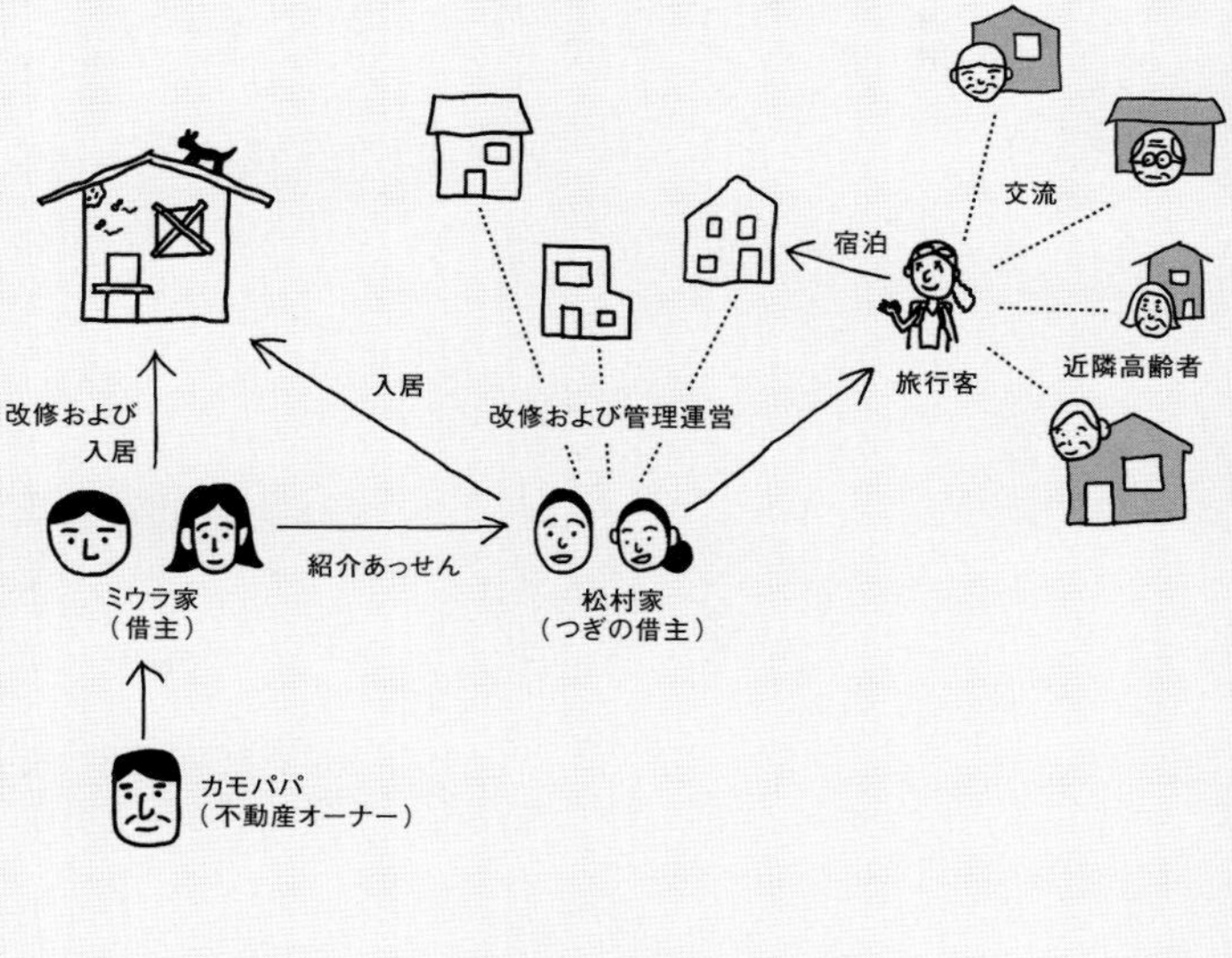

たくさんの人を
いっぺんに
笑顔にしよう。

Q04 いまの会社は忙しい割には収入も上がらず、将来につながるかどうかもわかりません。独立したほうがいいと思いますか。

向き不向きもあるので一概にどちらがよいとはいえませんが、大きな流れとしてこれからは生きることと働くことがよりあいまいになっていきます。かつての農家や漁師さんの時代に戻っていくような感覚かもしれません。長年勤め上げた会社を定年リタイアした翌日から、会社以外の知り合いも挑戦したいこともなく、家に引きこもる高齢者、という生き方はできれば避けたいですよね。単純にお金のために割り切って働くということではなく、**働きながら学び、仲間を増やしながらなんらかのかたちで社会に貢献し、それがじぶん自身のよろこびにつながる**ような、できれば死ぬまでそういう働き方、生き方をしたい人が増えてくると思います。そのほうが社会にとってもいいに決まってます。

フランスの経済学者トマ・ピケティは『21世紀の資本』の中で今世紀は資本収益率が労働収益率を逆転し、その差はさらに広がっていくと予測しています。つまりこれからは一生懸命働いても賃金はたいして上がらず、その代わりに資本を元手に投資することでの不労所得のほうがより多くなるというのです。驚くべきことに、毎月決まったお給料をもらう会社員よりも、借金してでもじぶんで投資、投機したほうがリスクが少ない時代なのです。お金のために行きたくない会社でやりたくない仕事をする、という行動が成り立たなくなってしまいました。なんということでしょう。

ぼくの実家は東京の学芸大学駅近くで、祖父と父が開業医だったため、子どものころは看護師さんや患者さんたちに囲まれて育ちました。要町に引っ越して5年たったころ、そのふたりが相次いで他界し、5階建ての建物に母ひとりが住むという状態になりました。ほぼ完全に「空きビル」という状況です。

古くて大きな建物なので維持費は膨れ、都心のため固定資産税と光熱費だけでも毎月50万円以上ということがわかり、そこに母の生活費も加わります。壊してマンションにする話も出ましたが、この建物は「北側斜線」という法律ができる前の建物なので、建て替えるといまよりもだいぶちいさな、たかだか2〜3階の建物になってしまいます。そこで解体はせずに、まずぼくが店子として入って母親に家賃を払う決心をしました。

とはいうものの、半地下のワンフロアをつかうとなるとその広さは30坪。そのとき借りていた事務所はわずか6坪だったので面積は一気に5倍になるけれど、スタッフを雇っているわけでもないし、仕事らしい仕事もほとんどありません。それに内装工事をするとなれば最低でも３００万はかかりそうですが、大家である母を見るとてもそんな余裕はなさそうでした。

「間貸しして、家賃集めたら」妻がぼそっと言いました。

そうか、ぼくひとりでつかうには広過ぎるけど、ほかに何人かデスク貸しすればその家賃収入で工事費や家賃もまかなえるかもしれない。初めて「事業」というものを考えた瞬間でした。税理士さんに相談し、まず事業収支計画をつくるところから始まりました。解体費や工事費はだいたいわかるけれど、事業を始めるには備品購入費や広告宣伝費、運転資金なども必要であるということを、そのとき初めて知りました。

金融機関の面接に挑むための資料は妻が手探りで必死にまとめてくれて、面接は夫婦で挑みました。事業の目的、同業他社に対する優位性、返済期間と返済額が安全なレベルであるということ……冷や汗をかきながらなんとか面接を終えると、一週間後に５００万円の融資がおりるという連絡がきました。

融資が決まった瞬間はとてもうれしかったのだけど、予想外なことにそのすぐあとから不安が一気に押し寄せてきました。夜中に目が覚めて、ほんとうに借金が返せるだろうか、入居者は見つかるだろうか、うまくいかなくなったら誰に相談すればいいんだろう……不

安がぐるぐる頭を駆けめぐり、気がつくと汗びっしょりで朝になっていました。500万円振り込まれたらなにもせずにそのまま返そうかとすら思いました。いま思えばこの経験こそがじぶんの糧になっています。リスクを取るときの気持ち、新しく起業するときの不安、そこから始まるお金の流れ。設計の仕事だけをしていたときには決して考えることのなかったこういう体験が、相手の立場や感情を想像する際におおいに役立つことになりました。

Q05

起業する夢はあるのですが、ツテもノウハウもありません。どうしたらいいですか。

「偉大なる初心者」であることに誇りを持ち、たとえ月日を重ねてもそうあり続けるといいと思います。シェアオフィス事業を始めるときに、ぼくは予備知識はまったくありませんでした。ほぼ同じタイミングでスタートした大手のシェアオフィスがあったのですが、彼らは最初から分厚い運営マニュアルがありました。契約書も何ページにもわたる製本されたものでした。ところがうちの契約書はA4用紙1枚。規約も思いつくかぎりならべても2枚くらい。ぼく自身が入居者のひとりだったし、もちろんチェーン展開なんてまったく興味はありませんでした。夢といえば「いつかこのフロア全体をじぶんの設計事務所にできたらいいな」くらいだったので、部屋のレイアウトも打ち合わせコーナーなどをゆったり取り、必要な家賃分の最小限の机をゆったり配置しました。事業試算するよりもまず、つかい手の立場でじぶんが日々過ごしたい場所を、直感的、生理的に素直に決めていったということになります。

結果としてはこれがよかったようです。入居者は口をそろえて「広くてゆったりしていて、こんなシェアオフィスはほかにない」「ミウラさんたちと一緒にルールを話し合い、つくっていくことがとても楽しかった」とよろこんでくれました。賃貸業のリスクは入居者が頻繁に入れ替わることによる機会損失で、シェアオフィスは特にそれが多いのですが、うちの入居者はほとんどの方が2年契約を満了もしくは更新し、退出理由も晴れてじぶんだけのオフィスを持つ、という方がほとんどだったため、にこやかに拍手で門出を祝う、という体験を何度もしました。なかなかいいもんです。

あとで知ったことですが、これはIT業界でいうところの「アジャイル開発」と呼ばれる手法で、実装→テスト→修正→リリースというサイクルを繰り返すことによって製品の開発を進めていく方法です。従来の「ウォーターフォール型」の場合は、区切られた短い工程を一つひとつ完璧に仕上げて製品化していましたが、それに対しむしろベータ版のようなかたちで一度市場に投入し、利用者の声をフィードバックしては再投入、というのを繰り返していくほうが、より満足度の高い製品をつくれるといわれています。

建設現場は基本的にはすべてウォーターフォール型です。ユーザーは工事中に建物に立ち入ることも試用することもできません。そして完成引渡後の修正は「クレーム」「瑕疵」な

ど と呼ばれ、対立構造が生まれます。
建設業界が「アジャイル建設」になるにはまだ時間がかかりそうですが、場所の運営は「とりあえず始めてから、やりながら修正していく」方針のほうが、いいように思います。せまい業界ルールや慣習にとらわれず、**じぶんの実感とスケール感に即した商い**をちいさく始め、まわりの声に細やかに耳を傾ければ、きっとじぶんなりのビジネスが見えてくると思います。

Q06

独立したものの仕事がほとんどなく、貯金も減ってきて不安です。

TRUNKというシェアオフィスを始めた当時、本業である設計の仕事はほとんどありませんでした。まるでじぶんだけが世界から取り残されたようでした。そんなとき、シェアオフィスの入居者たちがいてくれるだけで、気が紛れ、明るく平静でいられましたが、これがひとりぼっちであれば、かなりつらかったと思います。お互い似たような境遇でありながら、同業のライバルではない、というのがよかったのだと思います。みなが未来へ向かって手探りで進みながら、一方で不安を抱え、必要なことはお互い教え合えるような、誰がリーダーでも先輩でもないような関係がとても心地よかったです。

ただ毎日、来るはずもない依頼の電話を待ちながらネットサーフィンで時間を潰すというのはあまりに非生産的なので、どうせ暇なんだから、少しでも世の中のためになることを、というくらいの軽いノリで近所の子ども向けのワークショップをやってみよう、ということになりました。じぶんの特技を活かしながら、子どもたちが楽しめるような企画。学校と塾、公園以外の近所の居場所になるようなことはできないか、シェアオフィスの入居者たちと知恵を絞り合いました。

先生は持ち回り。ぼくが先生のときは段ボールをつかって家づくり、まちづくりを企画しました。タイトルは「おうちをつくろう」。子どものころ、段ボールで家をつくって遊んだことを思い出しながら、それをもっと大きなスケールでできないかと考えました。対象は3〜10歳。参加費用は材料費800円。子どもたち一人ひとりに巻き段ボールを配り、軍艦巻きのようにくるっと丸めてじぶんの家をつくります。家には玄関のほかに同じサイズの勝手口をふたつつくり、その勝手口をとなりの家の勝手口とつなげることを条件としました。そうすると、家と家がつながって、そのすきまが庭になって、いつのまにか村か集落のようになります。考えただけでわくわくしました。じぶんが子どもだったら絶対参加したい、と思いました。

できるだけ近所の子どもたちに参加してもらいたかったので、ネットでの告知は控え、事務所の前に黒板を立てかけ、持ち帰れるようなチラシを置いておきました。すると通りすがりの若いママが立ち止まり、それを手に取り、持って帰る様子が窓ごしに見えました。定員はほどなく埋まり、ボランティアの学生たちも集まってくれました。

いよいよ当日。子どもたちがやってくるのを少し緊張しながら待ちました。じつはこのワークショップにはぼくのよこしまなねらいがあって、これを機に近所の若いママやパパと知り合いになり、できれば設計の仕事にありつけるのではないかと思っていました。子どもたちが楽しんでいる脇で、ぼくがパパママに営業トークできるかもしれない、とにやにや妄想していたのです。

受付時間になり、何組かの親子がやってきました。するとぼくの予想を大きく裏切り、ママたちは事務所のドアをくぐることなく、入り口の前で子どもの背中をぽんとたたいて送り出し、ママ友どうしで軽やかな足取りで駅前のカフェに行ってしまったのです。

思い返せばあたりまえのことでした。ママにとっても、子どもの手が離れる2、3時間というのはほんとうに貴重です。知らない建築家と話すよりも、じぶんのリフレッシュのほうが100倍重要なのです。ぼくは落ち込むそぶりを見せずにこやかに子どもたちを迎えると、大きな声で自己紹介をして、さっそくスタートしました。

いざ始めると予想外の「いいこと」がたくさん起きました。子どもたちは家をつくるという行為に想像以上に興奮し、集中力を発揮しました。そしてなにも言っていないのに、今度は家具や家電、お皿やその上の料理まで、段ボールでどんどんつくり上げ、それぞれの家に個性が生まれてきました。彼らにとっては家具もお皿も植木もひとくくりの「家」であるという清々しさに感動を覚えました。

そしてある程度出来上がると、今度は子どもたちが勝手口をくぐり抜け、まち中を徘徊し始めました。男子は市街地戦に没頭し、女子はお互いの家にお呼ばれして、素敵なインテリアをほめ合っています。それらが同時に起こっているためとてもシュールなまちになりました。

ワークショップ終了時間には晴れやかな顔のママたちがやってきて、子どもたちは興奮した様子でじぶんの家まで手を引っ張って自慢しました。そして「今度はいつやるの？つぎもぜったい来るね」と指切りをさせられ、ママからも「つぎはどこで告知するんですか？」としつこく聞かれました。ボランティアのお弁当代やら細々とした道具代などで、結果としては2万円くらいの持ち出しとなりましたが、親子のたくさんの笑顔と感謝、ボランティアスタッフの誇らしい立ち振る舞いを見ればむしろ安いと思いました。

それからさまざまなワークショップが行われました。仕事の依頼はとうとう一件も来ませんでしたが、たとえそれが直接的な利益に結びつかないとしても、じぶんの居場所を開き、じぶんの心を開くということは、**じつはじぶん自身がまわりからその場所にいることを許される**ような、そんな感覚になりました。

Q07

本業だけではいろいろ不安を感じるため、副業を考えています。副業をえらぶときに気をつけることは？

その仕事が好きであるというのが最低限の条件ですが、それとはべつに得意不得意があります。そこがむずかしい。じぶんのことというのはいつもいちばんわからないものだから。そこでおすすめするのは、まず試しに**じぶんの本業を「抽象化」してみることです。そしてある程度抽象化したところで、そこからもう一回具象化**して、本業以外のものになれば、それはあなたの興味と得意分野につながっているものになるでしょう。

もう少しわかりやすく説明しますね。シェアオフィスを始めて1年が過ぎたころ、母から話があると言われました。2階もずっと空いていたので、そこも誰かに貸すか、もしくはつかい方を考えてほしいということでした。シェアオフィスは満席でしたが、その当時同業者がすごい勢いで増えていたので、問い合わせも落ち着いてきたころでした（この社会の移り変わりの速さたるや）。そこで同じ業態をさらに広げてやることに関してはぼくも妻も反対でした。

じゃあなにをすればいいのか。ぼくたちが1階でやっているのは、空間を細切れに区切って貸し出す仕事。小割りにして、かつそこを楽しく魅力的に維持していくと、まるごと貸すよりも収入は上がります。じゃあ空間の代わりに時間を細切れにして同じように稼ぐことができないか。年単位の住居貸しよりは日単位の宿泊施設。いやもっと細切れに1時間ごとに貸し出せないか。ただしワンフロアまるごと。これが抽象化と具体化ということです。

妻と話し合い、2階は「ハウススタジオ」業務を行うことにしました。ハウススタジオというのは、雑誌や広告、テレビ番組や映画の撮影などにつかわれる比較的小規模なスタジオのことで、都内を中心に各地に散らばっています。ただし利用者はおもにプロに限られるため、一般にはあまり知られておらず、さまざまな個性のスタジオが1時間あたり1・5〜2・5万円程度で貸し出され、ロケ隊はその都度じぶんの目的にあったスタジオを探し、予約するということになります。

妻は仕事柄さまざまなスタジオで撮影をしていた「ユーザー」でした。スタジオ経営のノウハウはないけれど、お客さんの気持ちはわかる。じぶんがつかい手だったらこんなスタジオがあったらいいのに、と思えるものをつくろうと話し合いました。

妻の要望はふたつ。ひとつは「つくり過ぎないこと」。従来のスタジオの多くが、まるで映画セットのようにハリボテでつくり込まれたもので、写真映えはいいけれど限定的でクセがあり過ぎて、一度つかうと雑誌などではしばらくつかえない（読者にいつも同じ場所だと思われてしまうから）。それよりも、できるだけシンプル、ニュートラルで、完成一歩手前くらいの状態にとどめてほしい。なぜなら最後のつくり込みはユーザーであるスタイリストやカメラマンがするのだから。お願いだから建築作品をつくろうと思わないでほしい。

もうひとつは実際に調理ができ、かつふつうの家では実現できないような夢のあるキッチンをつくってほしい。いまあるスタジオのほとんどが、かっこいいけれど偽物のキッチンか、もしくは料理の専門家がこだわり抜いた機能最優先のキッチンばかりで、私がほんとうに撮影したいキッチンというのはまだ世の中にない、ということでした。

シェアオフィスのために借りた500万円の借金もまだわずかしか返済していないのに、同じ金融機関からさらに500万円借金することになりました。2回目の融資はかなりスムーズにいきました。ぼくたちが勝手がわかってきたことと、そしてきちんと返済を続けていることが信頼となったのです。

Q08 場所を日々運営していくうえで、気をつけていることはなんですか。

ぼくは建物の規模や築年数にかかわらず、「その場所が持ち主に愛されているかどうか」が直感的にわかります。そして**愛されている場所というのは、そこにいる人を心地よく安心させます。**オーナーがどんなに上品でお金持ちでセンスがあろうとも、愛されていない場所はどこかものさびしく、くたびれた印象を与えます。

ホテルでもレストランでも、じぶんの場所で商売をするのであれば、そこを愛することがいちばん。たとえ賃貸であろうと、じぶんにとって最愛の相手である、という感覚。窓の締まりも悪いし、トイレもよく詰まるけど、そんな欠点さえも愛らしく感じられたら本物だと思います。

結果としては、掃除が細やかに行き届いているかとか、季節に合った草花が生けてあるか、その場所に合った小物や備品がえらび抜かれているか、とかそんなことかもしれませんが、そういった行為のリストではなく、それらに象徴される精神的態度のように思えます。こ

ういった一見地味だけれどていねいな愛を注いでいくと、設計やデザインのスキルが高くなります。じぶんがつくったものをつかい続けることで、それがつぎへのフィードバックになるからです。人のためにつくっては渡し、つくっては渡し……というプロセスを繰り返してばかりではなかなか気づきが生まれません。**じぶん自身がユーザーになることによって、それをつかい続ける人、維持していく人の気持ちを理解し、想像できるようになる**のです。そして実践者であることで仕事相手からの信頼も増すし、その経験はつぎのデザインに必ず活きてきます。

Q09

じぶんのことや会社のことを陰で悪く言う人がいます。どうしたらよいでしょうか。

もしあなたに心当たりがなく、じぶんなりの正しさに自信があるのなら、気にしないのがいちばんです。無視していればそのうち相手も飽きてまた別の相手を探すようになるでしょう。新しいことにチャレンジするときは必ずそういう場面に出くわします。

ただし、もしあなたの仕事やものごとの進め方が、一方的な面しか見えていなくて誰かが実際に被害を被っていたり、あるいは望まない影響をまわりに与えてしまったりしているとすると、注意が必要です。たとえばまちのビジネスの場合、じぶんの利益が必ずしもまちの利益に結びつくとは限らないし、まちが不利益を被ると結果的にそのまちにいるじぶんの不利益にもなるからです。

たとえばかつての熱海の温泉街には、研修旅行や慰安旅行という名目で、大企業がこぞって出かけました。大型バスで乗り付け、大広間で宴会をし、温泉、カラオケ、キャバレー、締めのラーメン、そしてお土産……とたくさんのお金を落としていきました。

それに目をつけた旅館側は、売り上げをひとり占めしようと旅館内にそれらの施設を設け、宿泊客が旅館の外に一切出ることなく過ごせるようにしてしまいました。そういったパイの奪い合いによって、かつての周辺の老舗旅館やお土産物屋や、食堂や遊技場はどんどん潰れていき、周辺は人通りのない、薄味なものとなってしまいました。結果的にまち自体の魅力が減って、やがて熱海自体が旅行先としてえらばれなくなってしまいました（そういったことに危機を感じた若いチャレンジャーたちがいま、まったく逆のプロセスを体現しようと奮闘し、熱海は再び活気あるまちへと変化しようとしています）。

利益や幸せをひとり占めしないこと、地域やエリア全体で分かち合うこと。言葉で言うのは簡単ですが、それを自覚的な仕組みとしてデザインしていくことはとても重要です。

ハウススタジオの場合、撮影にやってくる人たち独特のリクエストがあります。

「昼時を逃したけれど大人数でランチが食べたい」

「撮影用の花や雑貨が買いたい」

「誕生日の人がいるから急遽バースデーケーキを用意したい」

「普段あまり食べられないようなおいしい出前はないか」

などです。

そこでぼくたちは撮影隊向けの近所のオリジナルマップをつくりました。ローカルな経験をもとに、特に許可をとるわけでもなく、撮影隊のためだけの偏った案内図をつくり、スタジオに置いておくことにしました。利用者からはもちろんよろこばれましたが、ぼくが近所の蕎麦屋に行った際に、「このあいだもミウラくんのところからお客さん来たよ、いつもありがとね〜」とごはんが大盛りになるようになりました。これが「地域で稼ぐ」という方法です。たとえハウススタジオであったとしても、そこが近隣から断絶した場所であるよりも、近所付き合いがあり、地域に根ざしたスタジオのほうが、利用者にとってもなんとなくうれしいと思うのです。

スタジオ業を営んでいくうえでもうひとつ注意すべきことが、搬出入の際の騒音や、夜間のフラッシュ撮影による光漏れなどによる近隣への配慮です。うちのスタジオはそのルールをかなり厳しくしています。細かい決めごとによって売り上げが落ちてしまうこともあります。それでもまわり近所に迷惑をかけないことを徹底しないと、近所との軋轢《あつれき》やクレームが積み重なって、結果として短命なビジネスになってしまうのです。

そしてそういった「回避」だけでなく、ご近所の方たちに積極的な戦略も打っています。普段決して入ることのできないスタジオに半年か1年に1度、中に入ってもらい、楽しく過ごしてもらいたいという思いをこめて、「バザール」を開催しているのです。スタイリストさんや、雑貨屋、ファッションデザイナーなどの方々に出店してもらい、質の高いものを格安の価格で販売してもらいます。フードスタイリストに軽食を出してもらい、アコーディオン奏者もやって来たりします。各地で増えつつある「マルシェ」ではなく「バザール」と呼ぶ所以は、普段気になっていても立ち入れない場所で、とにかくいいものを少しでも安く買って、笑顔で帰ってもらいたいという理由です。出店者はサービス提供に徹してもらい、来てくれた人たちにシンプルに楽しんでもらうということを目的としています。

最初はよくわからず、通りすがりの人が恐る恐る入ってくる感じでしたが、回を重ねるごとに口コミが広がり、最近では開店前に近所のママたちの行列ができるようにまでなりました。そしてそのような努力の甲斐あってか、スタジオはもうすぐ10年目を迎えますが近隣からのクレームは未だにほぼゼロといった感じです。ありがたい。

空間と時間の因数分解

──「TRUNK」「Studio Rue Scipion」の場合

所在地	
東京都目黒区	
構造・規模	
RC造・5階建て（築40年）	
延床面積	建設費
95㎡（1フロア）	250万円
特記事項	
旧診療所。使用条件あり（近隣開放）	

□9席で十分

シェアオフィスの採算を重視するのであれば、貸出デスクスペースをなるべく多くならべていくほうが有効です。しかしそうすることで空間性や快適さが失われて、結果的に事業としてうまくいかなくなることがあります。目先の利益にとらわれない「最適な密度感」というのはシェアオフィスに限らずいろいろな事業に言えることです。

お客さんが座れないからといって大きな場所に引っ越した飲食店が閑散としてしまって、肩がぶつかるくらいでいつも混み合っていたもとの場所のほうがよかった、ということもよくあります。

ぼくはじぶん自身がそこで働くということ、そしていつかじぶんたちの設計事務所にすること、というイメージがあったため、そのあたりを無意識にコントロールして9席という密度感を導いたのだと思います。当時はそんなことまったく考えていなかったけれど。

そしてコロナ禍を経て、密度はより一層重要なテーマとなりました。

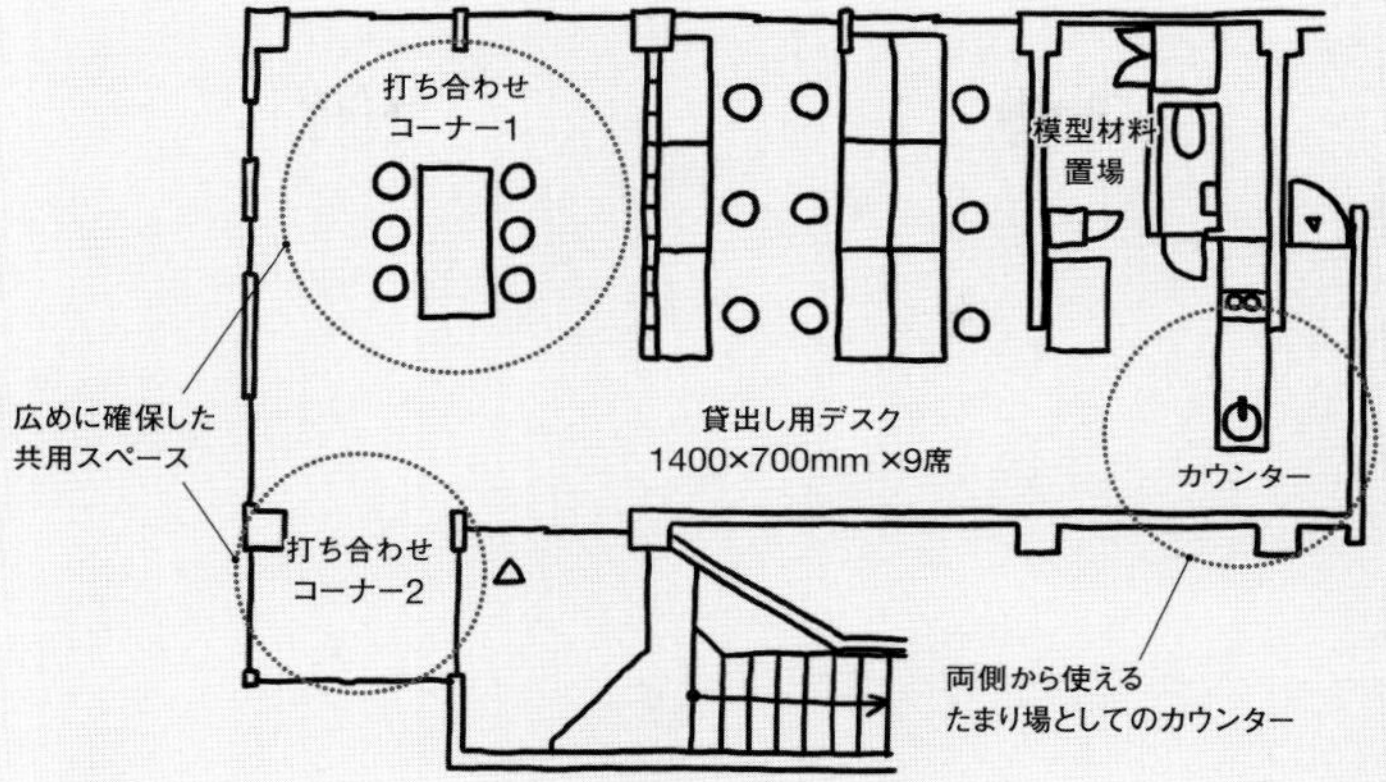

□1時間2万円で貸し出す

シェアオフィスとハウススタジオ。まったく関係のないビジネスのように思えますが、空間と時間を小分けに刻んで貸し出すという同じ考えのもとで行っているとも言えます。

時間も空間も、細かく刻めば刻むほど単価は高くなります。たとえば2年更新のマンション、週単位のウィークリーマンション、日ごとのホテル、というように。その理屈でいくと、1時間で区切って貸し出すほうが、売り上げは単純に上がっていくのです。住宅よりもホテル、ホテルよりもラブホテル、といった具合に。これは「空間と時間の因数分解」と呼ぶ考え方で、その最たる例がインターネットカフェのような業態でしょう。デベロッパーの開発事業も基本的には同じ仕組みです。ハウススタジオは空間的には一切仕切ることなく、その代わりに時間単価を上げるためのさまざまな工夫に集中する、という事業でした。

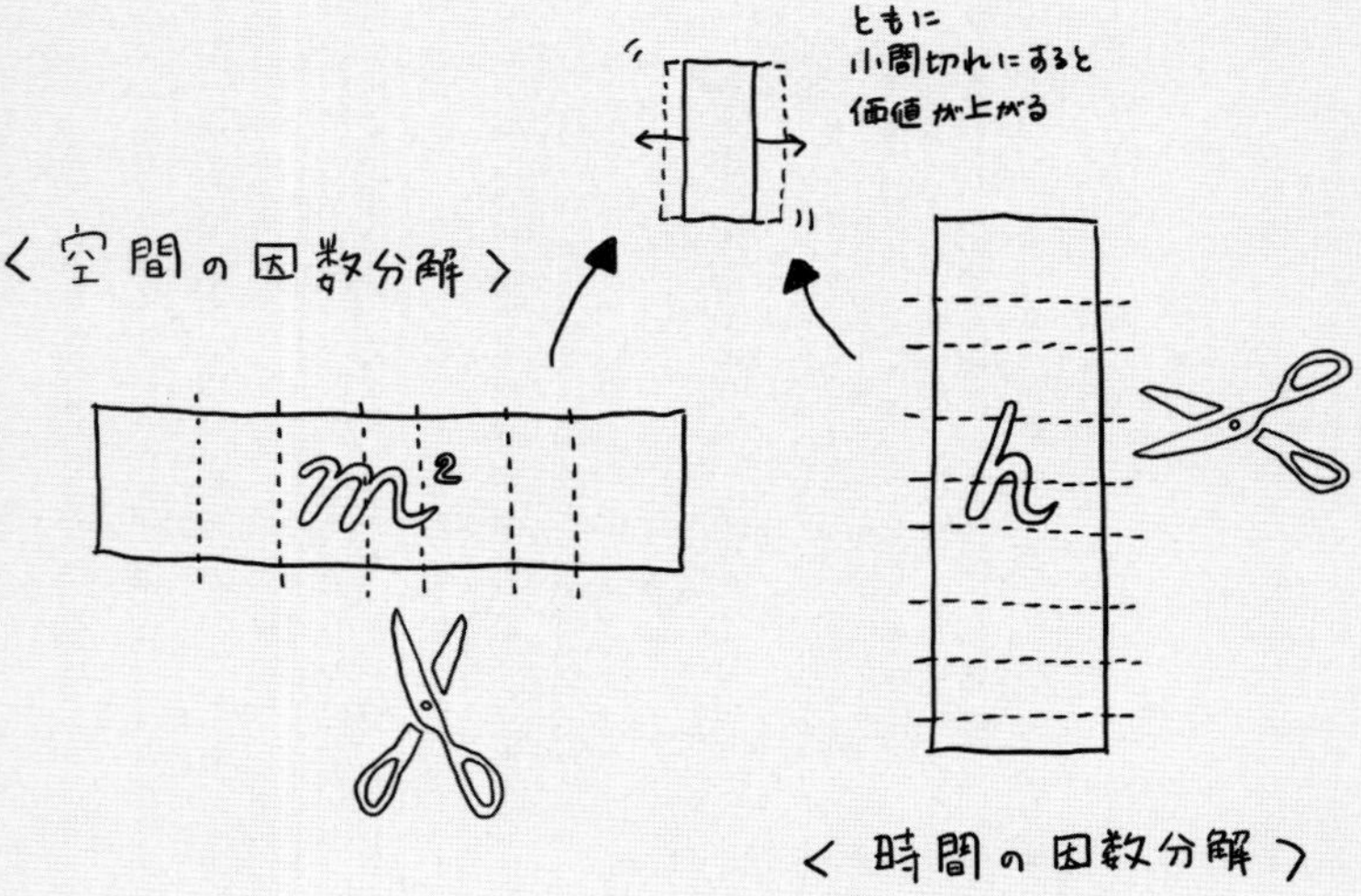

□講師代0円

ワークショップの参加者を募集すると、たまに「先生をやってみたい」という人が現れます。さまざまな場所を転々としている「プロ講師」もいますが、そうではなくどちらかというと「こういう特技があるんだけど、一度教えてもみたい。でもどうやっていいかよくわからない」みたいな人がいると楽しいです。なぜかというと企画段階から一緒に考えてクラスをつくりあげられるからです。

彼らは高い採算性を求めない代わりに、段取りや広報宣伝にも不慣れのため、そのあたりは一緒に進めていくことなります。参加者が満足しないのではないか、という不安もありましたが、実際はまったくそんなことはないばかりか、たどたどしくも一生懸命やってくれる人のほうが受けがよく、参加者も含めて一体感が出るということがわかりました。

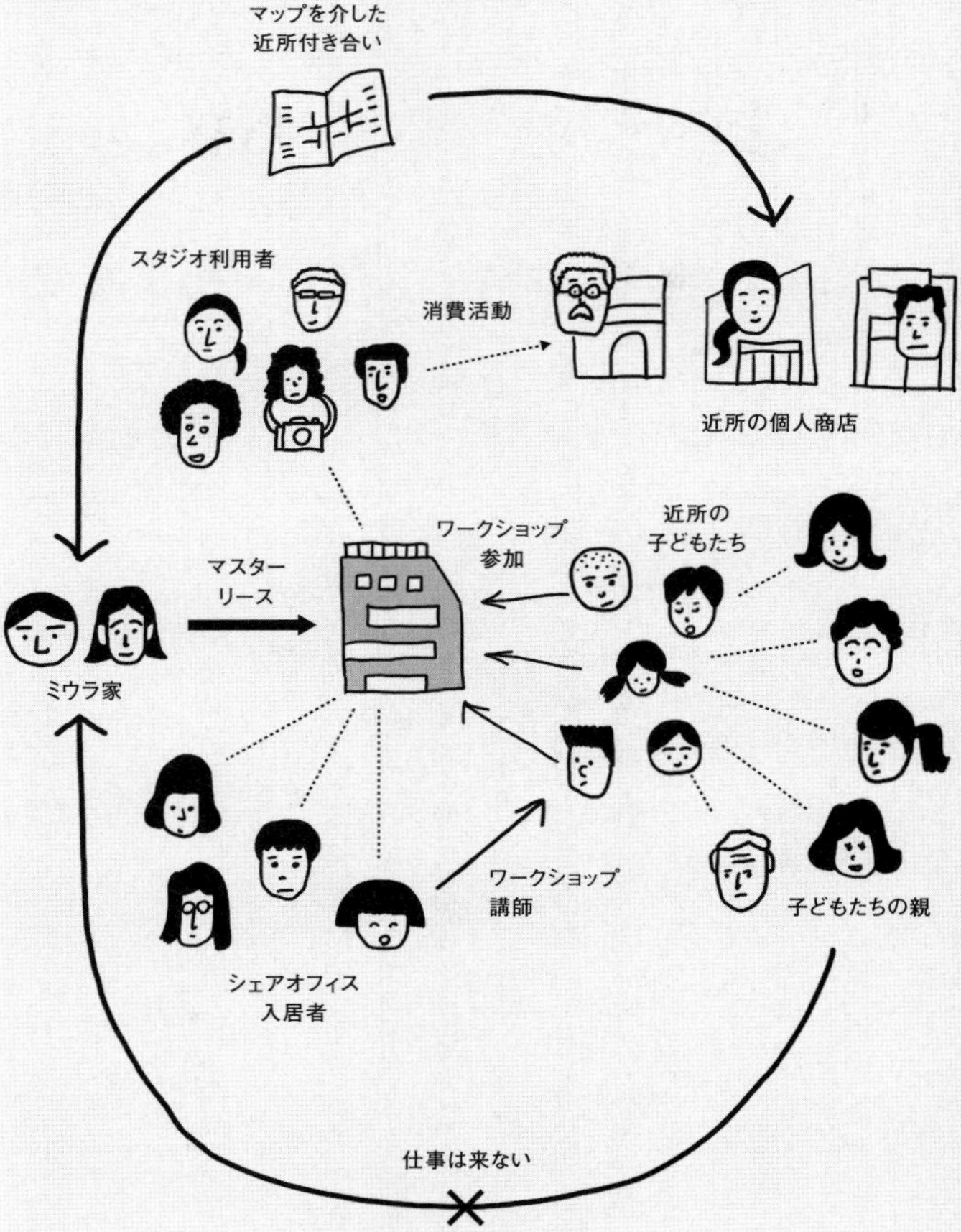

マップを介した
近所付き合い
スタジオ利用者
消費活動
近所の個人商店
ワークショップ
参加
近所の
子どもたち
マスター
リース
ミウラ家
ワークショップ
講師
子どもたちの親
シェアオフィス
入居者
仕事は来ない

COLUMN

設計事務所を経営するにはいくら必要か

所長＋新人スタッフ3人の場合

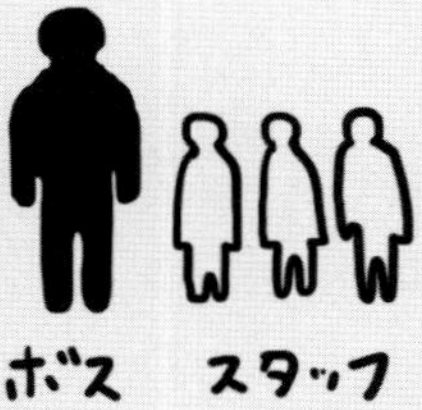

スタッフの基本給：**20万円/月**とする。

→会社の負担額：**25〜28万円/月くらい**
（雇用保険、厚生年金、交通費など）

→スタッフ1人当たりの会社人件費（年間）
28万円×12ヶ月＝336万円/人・年

※一般的な会社の
従業員1人当たりの売上基準（ざっくり）
＝人件費の約3倍
（役員報酬、事務所固定費、公租公課……）

つまり、
スタッフ1人当たりの年間売上ノルマ
336万円×3＝**約1,000万円/年**

さて、
スタッフ1人で 年間で1,000万円の
売上を上げる方法を考えてみよう。

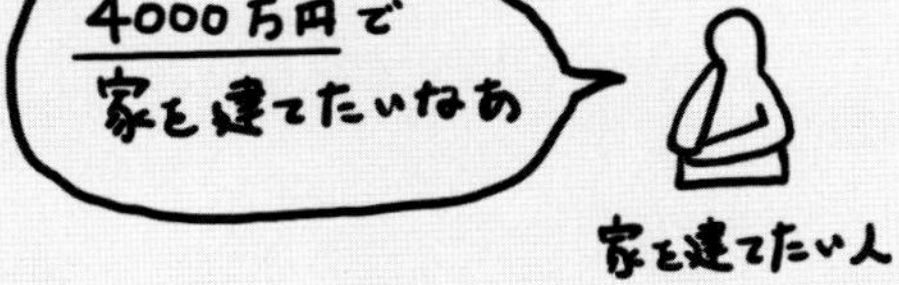

ふつうの人の言う「予算」には、
消費税もデザイン料も、引っ越し代も全部入っています!

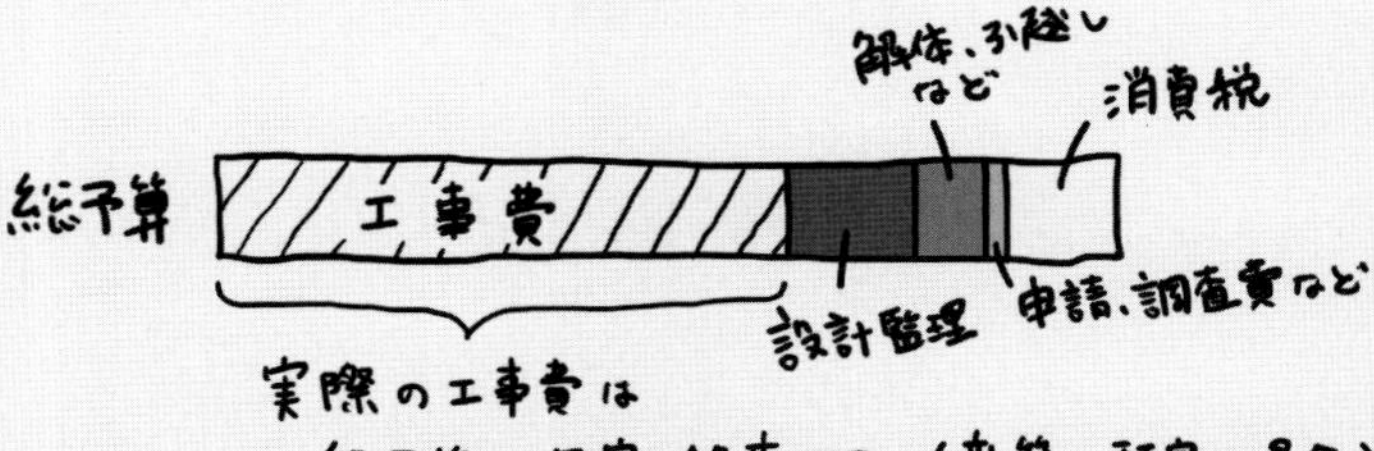

実際の工事費は
総予算の7割程度です。(新築一軒家の場合)

工事費: 4,000万 × 0.7 = 2,800万円

→設計監理料: 工事費の 12〜15%（目安）

2,800万 × 0.12 = 336万円／物件

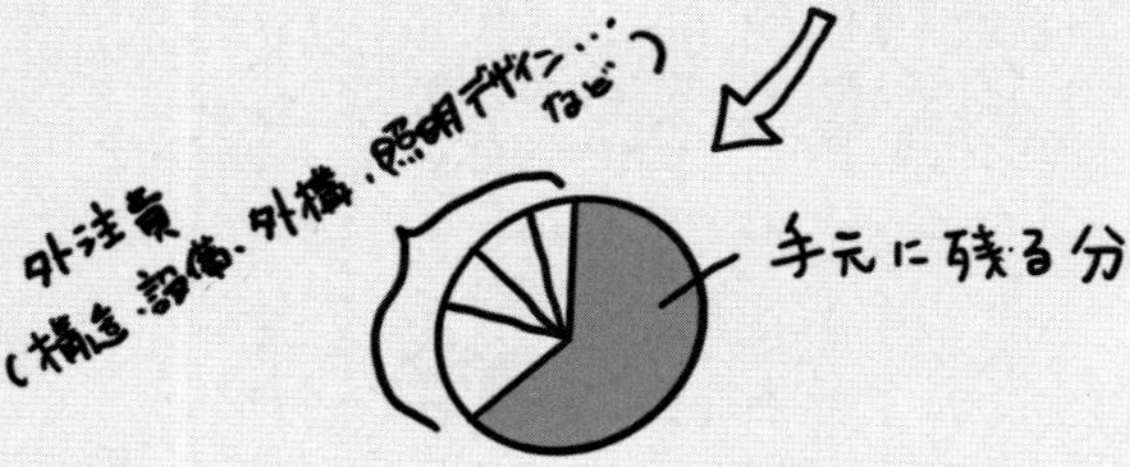

設計監理料から外注費を
引いて事務所に残るお金は
6割（200万円）程度です。涙

※1軒の新築住宅建設にかかる時間: 約1.5年

つまり、1物件の1年当たりの売上げ

= 336万円 / 1.5年 = 224万円/年・物件

結論

この設計事務所が成立するには、

スタッフ1人当たり

年間 1,000万/224万 ≒ 4物件、担当（常に、です。）

⇒ 事務所全体で12軒の住宅が常に進行している必要あり。

超たいへん！
これからの社会で
成立するのか!?

（そんなに
仕事ある？）

つまり 新しい経営モデルを発明するしかない！

（おまけ）事務所の家賃はどれくらいが妥当？

→「家賃は3日で稼げ。」（飲食店のルール）

年間売上 3,000万/300日 ＝ 10万円/日

10万×3 ＝ 30万円/月 ← これが目安です。

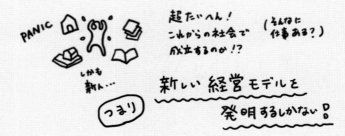

まちに開いて
幸せを
分かち合おう。

Q10 あたらしい仕事はどうやったら思いつきますか。

すでに世の中にある仕事を片手間にまねる、という感覚だとうまくいかないというのがぼくの考えです。あたらしい仕事はえらぶというよりじぶんで発明するという感覚のほうがふさわしくて、さらにいうと能動的に発明するというよりも、必然的に始まってしまうような感覚。だからそういう流れが来たときに、自然に乗れるような状況であることは最低限必要です。会社勤めでも副業をみとめているところはよいと思います。あるいはじぶんができなくても家族やパートナーがそういう状況であるとか。

そういった「なんならいつでも行けるぜ」という状況でありつつ、日常の小さなストレスや、困っているけれど誰に助けを求めればいいかわからないという瞬間に、日々敏感になりましょう。**無意識のうちにあきらめていること、理想とはちがうけれど受け入れてしまっているささいなこと。**そういったことに意識的になると、あたらしい仕事を生み出す確率はぐんと上がります。なのであせらず、自然で優しく、注意深いまなざしで世界を見つめるのがいいと思います。

たとえばぼくは設計の仕事をしていていつも残念なことがありました。それは何年もかけて一生懸命考え、愛情を注ぎつくりあげた建物が、やっと完成したとたんにお施主さんのものとなり、それ以降は自由に立ち入ることもできず、たまに呼ばれたと思うとそれはなにかの故障やトラブルだったり追加の相談のときだけなのです。業界では「かわいい娘を嫁に出すようなもの」なんて自嘲気味に言いますが、まさにそんな心境です。

ある方から逗子の海を望む高台に別荘の設計を依頼されました。建物の規模も予算もいままでとは桁違いに大きなものだったので、まさに腕が鳴りました。ところがいざ始まってみると、敷地が急斜面でそこに至る道も細く曲がりくねっていて、造成工事はおろか、材料を運び込むことさえむずかしいことがわかりました。つぎからつぎへと降りかかる難題と、どんどん膨らむ予算。そして延びていく設計期間。途中何度もあきらめかけたのですが、そのたびに救いの手が伸びて、オーナーも「ここまでやってきたんだから最後までなんとか頑張ろうよ」と言ってくれました。

結局完成まで3年を要したその建物は、愛情も思い入れもいっぱい詰まったものになりました。ふつうであればこれだけ時間も予算もオーバーしたことに腹を立てるはずのオーナーも、「ミウラさんが悪いわけではない」ととてもよろこんでくれて、この別荘を毎週のようにつかってくれるようになりました。

ふつうであればここで「娘を嫁がせて」仕事が終わるのですが、オーナーからこんな相談を持ち掛けられました。別荘というのは建てるのはもちろんのこと、維持にもけっこうお金がかかる。光熱費や管理費、庭の手入れもあるし、つかっていないと建物も傷みやすい。なんとかならないものかなあ。あ、そうだ、ミウラさんの事務所の2階、ハウススタジオやってたよね、あんな感じでここつかえないかなあ。

うちのスタジオは、設計の打ち合わせに来た人たちに対してショールームのようにもつかうことがあります。事業内容についても、聞かれれば隠さず話すようにしています。オーナーはじぶんの別荘でも同じようなことができないか、前から興味を持っていたようでした。

ぼくは妻と相談して、なにがお手伝いできるか検討させてください、と答えました。そして内心、オーナーやこの家との関係がここで終わらないのかもしれないと思い、うれしくなりました。発注者―請負業者という関係で始まった仕事が、経営パートナーとしてつぎのステージに移行できるかもしれないのです。いくつかの仕事を掛け持ちしていると、こうしてあたらしい仕事が始まったりするのです。まったくの受け身だけれども。

Q11

じぶんの強い思いだけで起業してうまくいきますか。

前例も正解もないあたらしい仕事を始めようとするときに、大切なことは、お客さんだけでなくさまざまな立場の人たちの気持ちになり、決してひとりよがりにならないことです。そしてお金の流れ、つまり矢印の太さと向きと、そのタイミングがバランスよく保たれているか、ということをいろいろな角度から確認していくことがけっこう重要です。彫刻家が作品のまわりをぐるぐる回りながら調整して、仕上げていくような感覚です。つい欲が出て、じぶんの取り分を増やしたり、誰かに責任を押し付けたりすると、必ず失敗します。「これだけで食ってるわけじゃないからそんなに稼がなくてもいい」くらい達観しているほうがきっとうまくいきますよ。

逗子のオーナーからスタジオ経営をしたい、という申し出があったとき、まず妻に相談し、そもそもこの建物が撮影用のスタジオとしての可能性、潜在能力があるかどうかを確認しました。すると申し分ない、というのがプロの写真家の意見でした。そこでつぎにぼくと妻とでこの事業は基本的にぼくたちのためではなくオーナー夫婦のためのものである、という認識を共有しました。そのうえでじぶんたちもきちんと利益が上がるようなモデルをつくろう、と。

スタジオの経営というのはおもに、宣伝告知、予約受付と整理、当日の受入れと立会い、利用後の清掃復帰、そして全体のディレクション、といった内容になりますが、まずオーナー夫婦がじぶんたちでなにができるのかを整理しました。できることはなるべくオーナーにやってもらうことで彼らの取り分も増えるし、じぶんの仕事として責任や自尊心も芽生えます。ぼくたちはあくまでサポートです。

幸いオーナーの奥様がそれまで勤めていた会社を退職されたタイミングだったので、予約当日の受入れと立会い、終了後の清掃はやってくれることになり、ぼくたちの業務がだいぶ軽くなりました。また、すでに所有されている家具がどれもセンスのよいものばかりで、スタジオとして新たに買う備品はほぼありませんでした。

そうなると残りは情報発信や予約の取り回しになりますが、そのあたりのノウハウはすでにこちらに蓄積されています。ぼくたちが持つ顧客リストや利用アンケートの集計結果などを反映させながらターゲットを定め、ブランディングを進めながら宣伝材料の撮影、ホームページの作成などを行い、うちのスタジオでも提携スタジオとして宣伝を始めました。

その甲斐あってか、都心部から離れていながらも運営開始直後から問い合わせが続き、予約がどんどん埋まっていきました。オーナー夫妻は予期していなかった収入が入ることはもちろんのこと、じぶんの別荘がいろいろな雑誌やCM、あるいは有名カメラマンの撮影に使われることをとてもよろこんでいました。一方ぼくたちはというと、一度立ち上がってしまえば基本的には現場に実際出ることなく、電話応対のみで業務が済むので、追加の事業としては理想的でした。また初期投資がほとんどかからないということ、さらには自社の設計した建物がオーナー以外の数多くのメディアや人の目にとまることの宣伝効果、そしてなによりオーナーやその建物と完成後も継続的なよい関係を持ち続けることができたのがいちばんのメリットになりました。

まるっきりあたらしいなにかを始めるのではなく、**いまじぶんがかかわっていることをほんの少しずらしたり、広げたり、あるいはキャッシュポイント（お金の流れ）を増やしたり**。そういったことで案外あたらしい事業は生まれるものです。しかもそれが生み出すのはお金だけでなく、より豊かな人と人との関係だったりするのです。

CASE 3
発注者と受注者の関係をとらえなおす
――「逗子の家」の場合

□100坪の住まいへの想像力

最近でこそ減ってきましたが、かつては建築家や設計事務所に仕事を依頼する方というのは、ある程度予算に余裕のある富裕層が主でした。

たとえばお金持ちに住宅の設計を頼まれた場合、建築家やましてやその担当スタッフが同じレベルの生活をしているはずもなく、話がなかなかかみ合わず焦ったりします。「逗子の家」の場合もたった夫婦ふたりで使うにもかかわらず100坪もの家がつくりたい、というリクエストに頭を抱えました。こういった課題に対して、ぼくはふたつの作戦が有効であると確信しています。

ひとつはたとえば住宅を依頼されたとき、住宅をつくろうとしないこと。じぶんの知っている住宅をただ単に大きく、豪華につくろうとするとどうしても間延びして無理があるのです。そうではなく、たとえば美術館をつくるつもりで住宅を設計すると、案外うまくいったりします。逆に病院の設計を頼まれたら、今度は住宅や旅館のつもりで設計してみたりします。

所在地	
神奈川県逗子市	
構造・規模	
木造2階建て	
延床面積	建設費
324㎡	2億円
特記事項	
建物引き渡し後の物件管理業務委託あり	

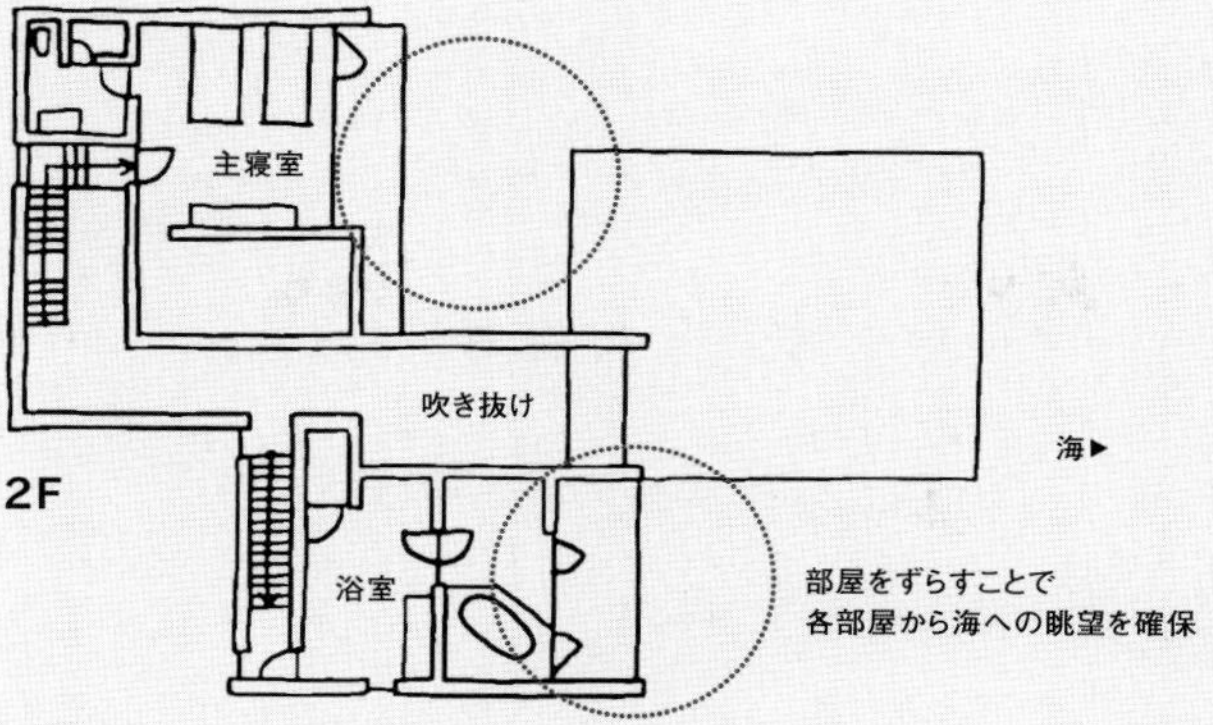
主寝室
吹き抜け
海▶
浴室
部屋をずらすことで
各部屋から海への眺望を確保
2F

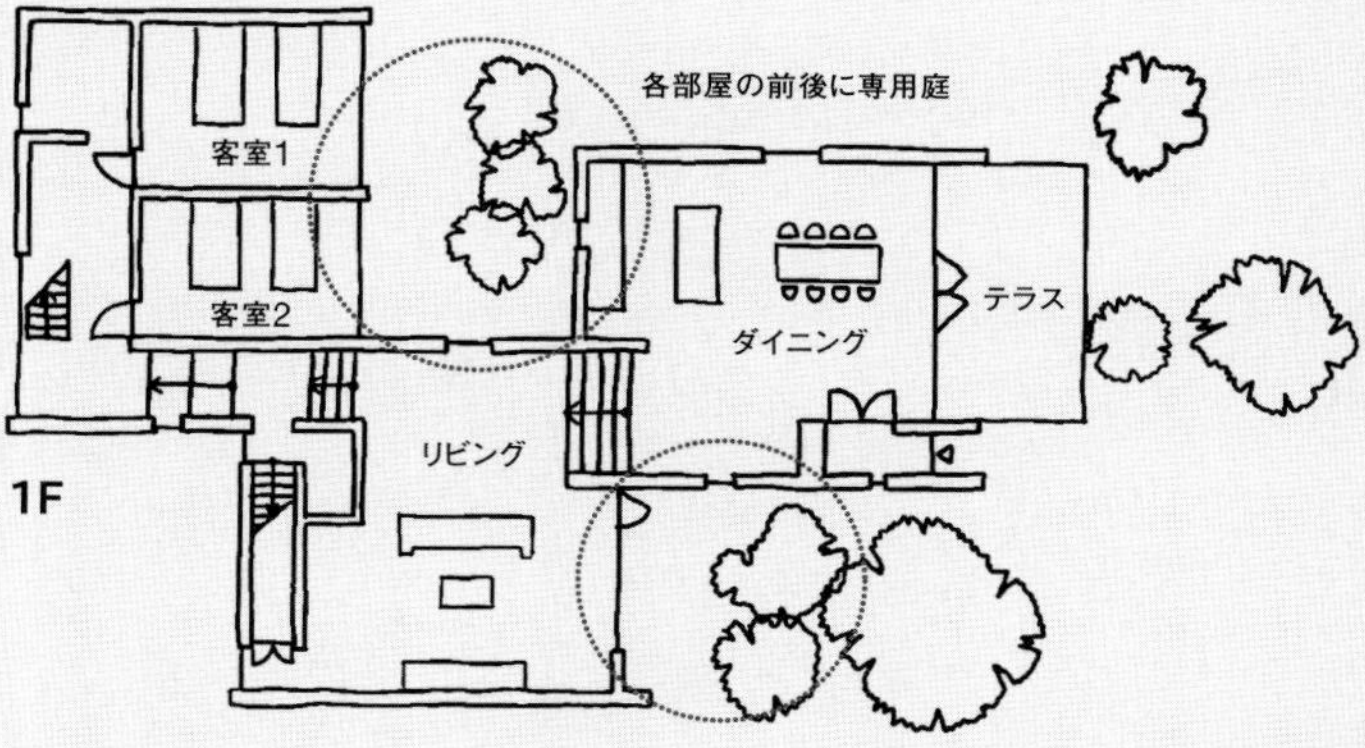
各部屋の前後に専用庭
客室1
客室2
ダイニング
テラス
リビング
1F

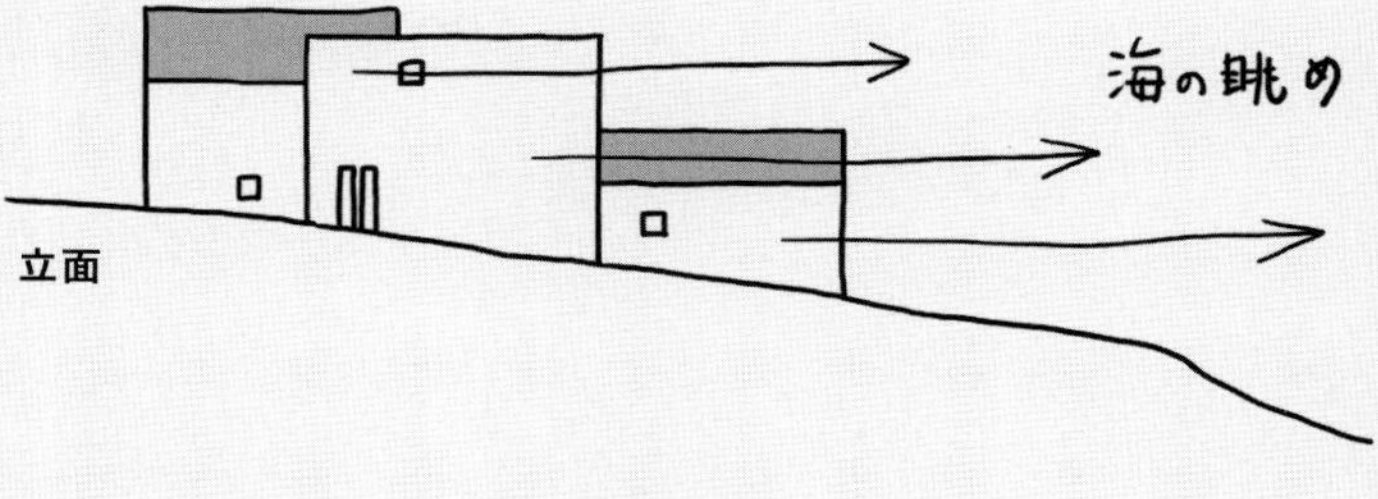
海の眺め
立面

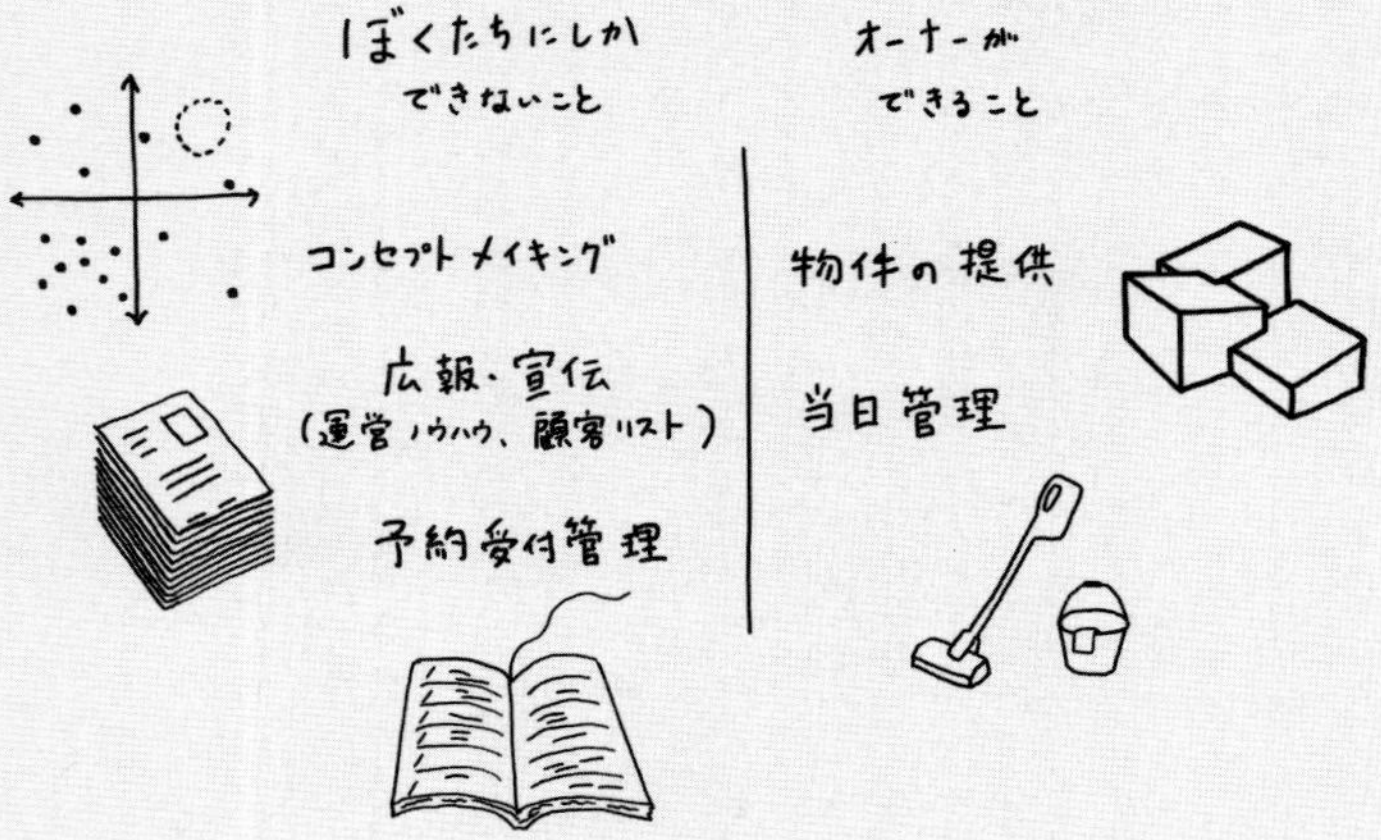

ふたつめは、とにかく背伸びせずに見栄を張らずに、相手の話に興味と敬意を持ってわからなければ素直に質問すること。場合によってはいまの暮らしを見せてもらったり、一緒にその人の好きな場所に出かけてみたり。

情報過多な時代に、クライアントはじぶんと同等の知識をあなたに求めているわけではありません。それよりもいつも素直にていねいに耳を傾けてくれるという誠実さこそが信頼なのです。

□初期投資0でスタートする

どんなに小さくてもあなたがじぶんで商売を始めたとしたら、できれば不定期でもいいので会計士さんにお願いして、月1回くらいは面談を重ねて、「貸借対照表」の基本的な読み方くらいは大まかに理解できるようになりましょう。今後さまざまな場面で役立ちます。設計事務所であれば設計の腕を上げるよりも何倍も効果的だと思います。

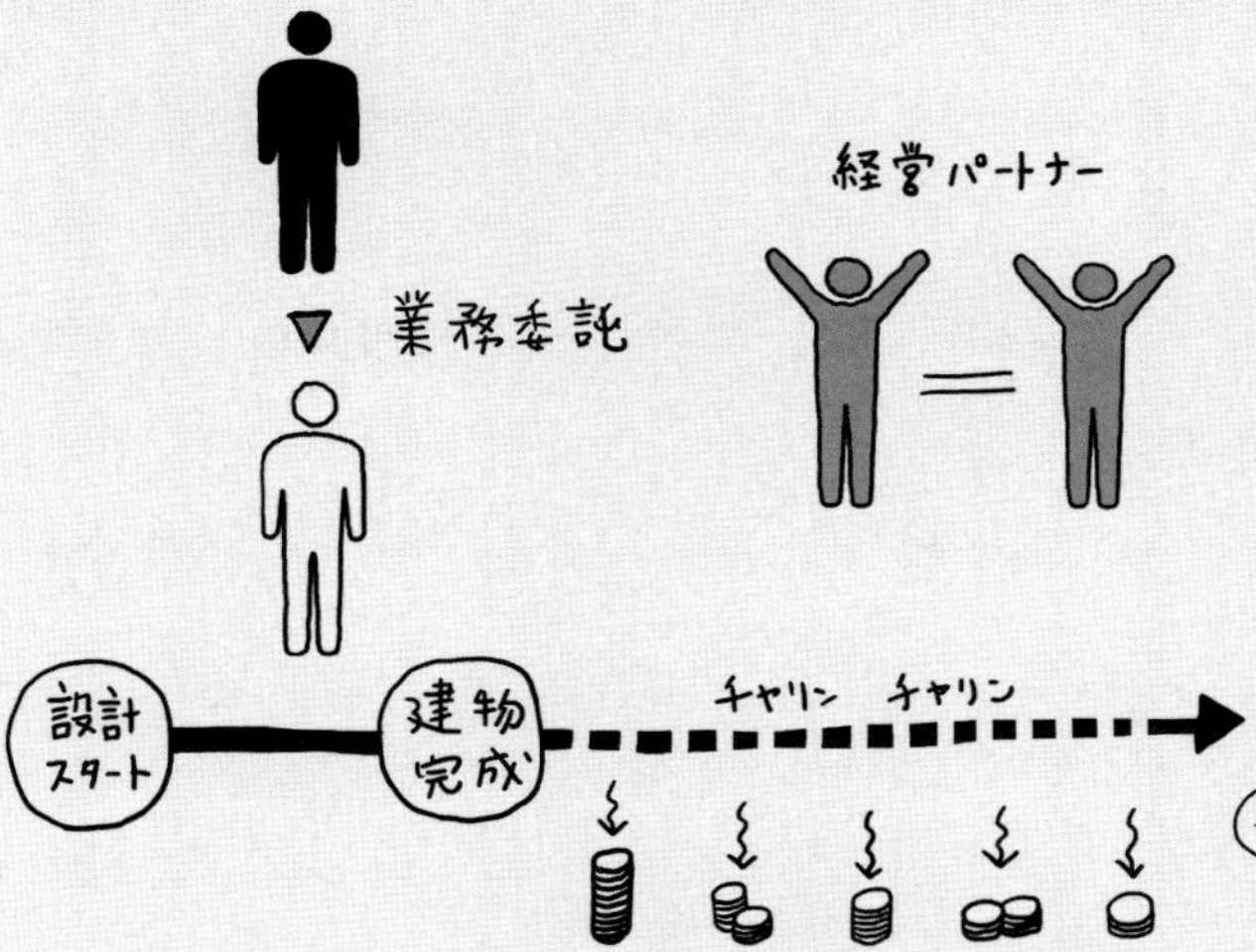

大袈裟にいうと世界の見え方がより鮮明になるはずです。

「逗子の家」のスタジオ運営を受託したとき、どのような契約にすればお互いにリスクがなく、納得できるか、業務と報酬の分担方法、責任についてていねいに考え、話し合いました。このとき大事なことは、経営の基本的なことを理解しているだけでじぶんのみならず相手の状況や望むものをより細かく理解、想像できるということです。

結果として、現場対応は一切オーナーに任せる代わりに、広報・宣伝、予約対応、入金確認など全般を受け持つことになり、慣れていくにつれ、業務をオーナーに任せてぼくたちの取り分も減らしていくことにしました。大きな額ではありませんが、仕入れや在庫管理が必要なく、売掛のリスクも少ないこと、業務内容が日常業務の延長であり、追加の人件費がかからないことなど、副業としては理想的と言えます。

わずかな違和感を
つかまえておこう。

Q12 就職には理系のほうが有利ですか。

建築家になりたかったけれど数学も物理も苦手だったので、その道をあきらめた、という話を耳にしますが、そのたびにいたたまれない気持ちになります。なぜなら、いま現在ぼくが仕事においで高度な数学や物理をまったくつかっていないばかりか、地理や歴史をもっとしっかり勉強しておけばよかった、と日々後悔しているからです。

理系か文系か。結論を言えばじぶんの好きなほうを選べばいいと思いますが、そういった受験システムも近い将来なくなると思うので、枠組み自体を疑ったほうがよいでしょう。成長期の近代社会では、決められた評価基準のなかでよい成績をとり、先生にほめられることで、よい大学、よい会社に入り、いつも多数派でいることが安定をもたらしました。けれどもこれからの時代は、**既存の枠組みを疑い、他人の評価を気にすることなくじぶんの興味ある分野に突き進む勇気と駆動力**が必要になってきます。そのとき、いかにじぶんなりの立ち位置を見つけるかがすなわち専門性になり、従来の理系／文系より、もっと細かく多様な専門性が生まれてくるはずです。そしてそれは従来のカリキュラムの外側にあるものも対象になってくるでしょう。そしてこういったものは、勝ち馬に乗るように選ぶのではなく、じぶんの育った環境や資質によって自然と湧き上がる興味にしたがって決めるほうがぜったいいい。

だから必ずしも高校や大学のときに、じぶんの専門性を確立する必要はありません。けれどもいずれめぐり合うほんとうに興味がある対象に対して、まずそれを逃さない意志。そしてそれにじぶんがどう対峙し、どういう価値観を持って接していくか、そのための基礎的な瞬発力と思考力、つかんだら離さない握力は早めに訓練しておいたほうがよいと思います。

ぼくは社会的には「建築士」という職業ですが、日本には100万人以上いてもはや専門性が高いとはいえません。けれども、建築以外のじぶんの興味のあることに対して、建築士という立場から問題提起や解決方法を模索することは専門性となりうるでしょう。いわゆる士業でなくても、じぶんのバックグラウンドやキャラクターと、じぶんの挑むべき対象を掛け合わせることが、より際立った専門性となると思います。

独立して間もないころ、ぼくはそういったことにまったく無頓着であるばかりか、学歴や職歴がじぶんの武器であると大きな勘違いをしていました。けれども結婚して子どもが生まれ、生活するためにシェアオフィスやハウススタジオを経営していくうちに、じぶんが「ちいさな起業や運営・経営」といったことに感情が高鳴り、かかわりたいと感じていることに気づきました。設計図面とにらめっこをしているときにまったく感じることのなかった類の刺激がそこにはありました。

一般に設計事務所に相談に来る人たちは、あらかじめ建てるものと予算を決めてきます。ところがぼくに相談に来る人は「相続でとつぜん土地を譲り受けたけれど、どうしたらよいかわからない」とか、「建物が空いたけれど、つかいみちがわからない」といった、建てる以前の悩みを抱えた人たちが多いです。それはたぶんぼく自身がそういったことに対して、じぶんの利益と関係なく、より純粋な興味と経験によって彼らの力になりたいと思っているからです。「企画や事業計画から相談に乗ってくれるふつうとはちょっとちがう設計事務所」みたいな感じのキャラクターです。本業の設計につながるかどうかは置いておいて、まず話を聞き、場合によってはその計画はやめたほうがいい、余計なリスクは負わないほうがいい、なんていうアドバイスもします。結局のところ**ぼくがあなただったらどうするか**ということ。それは短期的には会社の利益につながらないかもしれませんが、長期的には相手の信頼を得ることとなり、いずれ必ずあなたに利益をもたらします。そして社会やまちにとってもそのほうが好ましいことは言うまでもありません。

Q13

「コンセプト」をつくるのがいつも苦手です。なにかコツのようなものはありますか。

建築学科の授業では、先生からまるで念仏のように「コンセプトは?」と問い詰められます。あるいは会社でも「この企画コンセプトは……」といった会話が日々飛び交っています。だからこそコンセプト恐怖症のようになってしまう人も多く、いろいろ考え過ぎたあげくに誰も理解できない難解でひとりよがりの仮説を「コンセプト」と称して、ますます空回りして周囲との溝は深まるばかり。そして最終的には「コンセプトがうまく思いつかない私はデザインやクリエイティブに向かないにちがいない」と結論づけてしまいます。

そもそもコンセプトとは、問題意識とそれに対する総合的態度です。じぶんが感じている現状の課題はなにか。それに対し、じぶんなりの立場表明、方向性、世界観のようなものを表明するのが「コンセプト」です。だからコンセプトはべつに目新しいものである必要もないし、それよりもなによりも、じぶん自身に真正であることのほうが重要です。なぜならそれを拠り所にして、より細かく具体的な決定をしていくことが本題だからです。

ある日、「見てほしい物件があるから来てほしい」と呼ばれて向かったのは江東区の木場公園に面した5階建てのビルの1階でした。連絡をくれた柾木さんは英語教育を専門としたプレスクールの経営者で、とても聡明な女性です。すでに都内に3校運営しているのですが、生徒も増え続け、校舎が手狭になってきたときに、緑豊かな公園に面したこのビルに一目惚れして1棟丸ごと借りたとのこと。相談の趣旨は、5階建てのビルを借りて2階から上は教室として使うのだけど、もともと倉庫だった1階は天井がやたら高く、しかも道路に対してガラス張りなので、つかいみちから一緒に考えてくれないか、ということでした。

高度成長期の日本では、建物を建てることが前提で、建てること＝収益化という時代だったため、建築家の仕事は与えられた用途や目的に応じて設計図を描き、完成させることでした。けれどもそういった仕組みが崩壊し、無条件になにかを建てても稼げないばかりか、相続やテナントの退去などで、本人の意図とは関係なく物件を所有してしまう人も増えてきました。そういった状況に対し、「建てる建てないも含めて、この場所をどのように対処するか」という段階から相談に乗ってほしいという依頼は増えつつあります。そして世の中の多くの人たちは、そういう疑問や不安を誰に聞いていいかすらわからない状況です。

これからの設計者はこういった人たちに寄り添い、適切なアドバイスを行えるといいと思います。そしてそのときに必要になってくるのは企画や計画に対する想像力、事業者や投資家、あるいはごくふつうの人たちが納得・共感してくれるような事業計画をつくり出せるかにかかってきます。

対象の敷地に立って、ぼくが最初に考えることは、そこに建つであろう建物のデザインではなくて、そこでどんな暮らしや商いが生まれるか、どんな人たちが集まってどんな時間を過ごすのだろう、という漠然としたイメージです。そしてそのときにいつも頭に浮かぶのが、じぶんの事務所をまちに開き、近所の子どもたちがわくわくしながら入ってくるあの風景。つまり、住宅か事務所か、あるいはカフェなのか保育園なのか、といったように用途を先に考えるのではなく、**もしその場所の壁や扉を取っ払ったときに、ここにはどんな人が来てどんなふうに過ごすのだろう**、と想像するのです。

柾木さんのビルの1階は、もし周囲に開け放たれたら、まちがいなく向かいの木場公園とひとつながりの公園となって、公園におとずれた人たちが憩いにやってくるだろうと思いました。屋内でありながらまるで公園のような場所。これがコンセプトです。それだけです。公園というのはもちろん誰もが知っているイメージしやすいもの。それが世界観となって、そのなかで事業性やターゲット、建物や家具をデザインしていけばいいのです。

魔法の眼鏡をかけたつもりで、このビルの1階が公園だったなら、と想像してみる。それもなるべくさまざまな立場の人が眼鏡をかけて同じ状況を空想する。その作業が楽しくわくわくすることができたら、それは素晴らしいコンセプトなのだと思います。そしてつぎの作業に入ることになります。

Q14 失敗やリスクを減らすコツのようなものはありますか。

思いもしないことを言う人との対話だと思います。

じぶんの考えに対してダメ出しをしたり、ときに辛辣《しんらつ》な意見をぶつける人。それは友だちや仕事相手であったり、社内や家族といった身内だったり、経験をつめばじぶん自身ということもあるかもしれません。とにかく「くやしいけどそこは考えてなかった」と気づかせてくれるきっかけが重要です。ぼくはまだ人間ができていないのでいつも瞬間的にむっとします。それでも最近は「いまじぶんはむっとしているけれど、これはつぎなるステップだ」と意識できるところまではきました。それまでは「なんでこの人はぼくのアイデアの素晴らしさを理解できないんだ」といちいち怒っていたから、大きな進歩といえます。みなさん、じぶんと話の合う人だけで固まらず、趣味も価値観もちがう人からいつも気軽に突っ込まれるくらいの状況をつくっておいたほうがぜったいいいですよ。

「公園」というコンセプトを思いついたぼくは、柾木さんとのつぎの打ち合わせに向けて

1枚の絵を用意しました。公園と街路樹の緑が建物の室内までズルズルと侵食していき、ビルの1階が地続きの公園になっているイラストでした。あとは言葉も図面も一切ありません。

そして、公園の入り口に立っているたくさんの禁止事項の看板の写真を見せながら、「こういう禁止事項がすべて許されるような、それでいて誰もが心地よいと感じる新しい公園のような場所にしたい」と伝えました。明晰で想像力豊かな柾木さんはそれだけで理解してくれて、その場でOKが出て、つぎに具体的な事業モデルを考えようというステージに移りました。

公園のような場所にしたいと思っても、民間事業なので実際はそこで稼がなくて

はなりません。補助金はありません。ぼくたちは「親子カフェ」という業態に注目しました。親子カフェは、おもに赤ちゃんやちいさな子ども連れの親たちが、気兼ねなくくつろげる居場所のことで、東京を中心に増えつつあります。場所によってさまざまなちがいがあり、雑誌や漫画が置かれているだけのところもあれば、巨大な遊具があって遊園地のようなところもあります。また親子向けにさまざまな企画をやっているところも多く、リトミックや料理教室、子ども向けのテーブルマナー講座まで、千差万別です。

ぼくたちはちいさなシンクタンクのような気持ちになって、都内の親子カフェのリサーチ分析、近隣の人口動態や都市計画、親子が集まりそうな周辺施設の洗い出しなどを行って、その結果を柾木さんに伝えました。豊洲木場エリアはタワーマンションの建設が進み、子育て世代の人口が最も増えているエリアであることと、公園や小児科など子ども向けの施設が周辺に多いこと、近隣はもとよりこれだけ規模の大きな親子カフェが周辺にはないことなど、現状を分析したうえで、やってみる価値はあるということになりました。そしてすでに3校に増えた本業のプレスクールの給食をつくるセントラルキッチンとカフェの厨房を兼用することで効率化を図ることも決まりました。

ふつうであればそれでいよいよ設計がスタートするのですが、柾木さんはそれではゴーサインが出せない、と言います。私たちの売りがない、と。

プレスクールの子どもたちはもちろんのこと、ちいさな赤ちゃんや母乳をあげているママたちの口に入るものは、しっかりこだわりたい。多少コストが高くても、オーガニックなものを中心に、心から安心して食べられるおいしいものにしたい。柾木さんは強く訴えます。「では、そういった食事が売りの親子カフェにしましょう」とぼくが言うと、「ミウラさん、それだけではまだ足りません」と柾木さん。ぼくは頭を抱えてその日の打ち合わせは終わりました。柾木さんにはぼくには見えないブレーキがあるようでした。

1週間ほど悶々と悩んでいたとき、ひとつのことを思い出しました。彼女との打ち合わせはプレスクールの授業が落ち着いた午後に始まることが多いのですが、その時間になると外国人の先生たちも授業がひと段落し、なんとなくわれわれの打ち合わせテーブルの横でのんびりしていました。もしスクールの先生たちが1階のカフェに降りてきて、子どもたちに話しかけ、触れ合うことができたら、親としてもどんなにうれしいだろう、と思い立ちました。

翌週、自信満々にそのアイデアを柾木さんに伝えると、とても気に入ってくれました。じゃあいよいよ設計スタートですね、とぼくが確認すると、「いや、まだなにか足りないんです。あともうひとつわかりやすいなにかが」。ぼくはさすがにうなだれました。

そのまた1週間後、柾木さんから連絡があり、「ミウラさん、わかりました！　あとひとつ。本です。絵本。それも英語の絵本。日本一たくさんの英語の絵本があるカフェにしたいです！　これで行けます！」と興奮しています。

なるほど。英語教育を売りとしている教育機関がやっているカフェ。それをわかりやすく伝えるにはなにかシンプルで力強い特徴が必要だったのだとやっと理解できました。

いい発注者というのは、**コントロールし過ぎることなく、かといって任せっきりでもなく、ときに適度な負荷となって、ぼくたちを成長させてくれる人**だと思います。そしてときに一緒に考え、アイデアを付加してくれる人。なにをやっても「素晴らしい！」とほめてくれるクライアントとばかり仕事を続けるのは注意です。

Q15 将来カフェを開くのが夢ですが、まわりから「ぜったい儲からないからやめておけ」と反対されます。

ほかの人になんと言われようと、じぶんが思ったことをやるべきです。その大前提を踏まえつつ、カフェというのはたしかに稼ぎづらい仕事であることも知っておきましょう。そのときにあなたが考えるべきことは、いかにカフェという枠組みに括られることなくじぶんのやりたい仕事をつくりあげ、**その価値とサービスにあたらしい値段、あたらしいキャッシュポイントを設定できるか**、ということ。結果的にカフェになるんだったらそれはそれでいいと思います。

木場の設計はその後とんとん拍子に進みました。工事費が限られていたことがむしろ余計な選択肢を減らしました。部屋の奥に大きめの厨房をつくり、ホールは公園から連続するように床に人工芝を張りました。それだけだとあまりに大空間で落ち着かないので、部屋の中央に木造の小屋を置きました。そうすることで小屋の中は落ち着いた場所になるのと同時に、小屋の手前と奥とでは視線が遮られて、さまざまな居場所ができ、その日の気分や目的に応じて場所を使い分けられるようになりました。家具はばらばらの寄せ集めで、テーブル席も、座卓も、ソファも混在して、むしろその多様さが「公園感」を醸し出しました。そして最後に道路に面した大きなガラス面に、イラストレーターの斉藤弥世さんに、公園の樹木とそこでくつろぐいろいろな人たちの絵を描いてもらいました。

柾木さんのお子さんのニックネームにちなんで「オーガニックカフェ・ルル」と名づけられたそのカフェは、目論見通りオープンから1カ月もしないうちに、たくさんの親子でいっぱいになりました。

家に閉じこもって親子でストレスを抱えていたり、外に出てもまわりからの視線が気になってしまう子連れママたちにとって、ここは最高の場所でした。靴を脱いで入り、座ろうがゴロゴロしようが、ごはんを食べようが本を読もうが自由です。子ども用のトイレやおむつ替え台もあるし、食事はおいしく安全。スタッフとの英会話も楽しめます。しかも時間料金は一切かかりません。ママたちの口コミであっという間に話題になりました。実際に行くとわかるのですが、ママ友どうしで誕生日会をやっていたり、料理教室やワークショップをやっていたり、赤ちゃんの写真の撮り方教室があったり、自由気ままに使われています。なんとなくふらっとやってきた親子が、そこであたらしい友だちができたり、午後になる

と上階のスクールのお迎えのパパママたちの待ち合わせ場所になったり。ほんとうに公園のような場所になりました。

ではこのような事業がなぜ成立するのか、収支はどうなっているのか気になると思います。ルルの場合、大人用のワンプレートが2500円、子ども用が1000円です。え、高い、と思うかもしれません。オーガニックにこだわっているので原価を考えるとこれ以上下げるのはむずかしいのですが、施設利用代がかからないため、その金額で親子が楽しく半日過ごせると思えば抵抗はないようです。逆を言うと、一般の親子カフェがたくさんできつつもどんどん潰れていく理由がそこにあります。

親子ともに楽しく過ごす場所というニーズはかなりあるものの、経営として成り立たせるのは至難の業なのです。ふつうのカフェ以上に滞在時間が長く回転率が悪いため、客単価が少し高いくらいでは追いつきません。社会的必要性から助成金などによってなんとか立ち上がるのですが、自立できるほどにはならず、補助の打ち切りとともに泣く泣く閉業、という繰り返しが起きていました。

ではなぜルルは成立するのか。実はカフェの売り上げは席がいっぱいになったとしてもぎりぎり黒字か、月によっては赤字だそうです。やっぱりカフェって儲からない。ところが1階がオープンしたあと、本業であるスクールへの入学希望者がぐんと増えました。ハードルの高いスクールに対して、カフェが格好の入り口になったばかりか、生徒や親子たちにとっても、まるで学校の食堂のように使い勝手のよい場所だったのです。入園を迷っている親子が外国人と親しげに話す生徒を目の当たりにすることもあるかと思います。つまり本業への効果が会社全体としての利益を生んだのです。

柾木さんは最初からそれを予測していて、低めの事業収支を設定していました。そして教室とは別に、まちに開かれた多目的スペースを所有することで、生まれ出るさまざまなアイデアを実現するステージとして使えることに、心からよろこびを感じていました。

「ミウラさんに相談してよかった」柾木さんは心からよろこんでくれました。そして数年

後にはこのビルの最上階に子どもたち専用の劇場「エリオットシアター」をつくることになりました。この劇場は寸法がすべて子ども用にデザインされているにもかかわらず、大人顔負けの設備が用意されているため、公民館などのホールと比べものにならないほどおしゃれでつかいやすく、舞台映えするのが売りになっています。この劇場もそれ自体では一銭の価値も生み出しませんが、この施設があることによって、本業のスクールはますます評判を上げていくことになりました。

民間がつくる公共空間

——「オーガニックカフェ・ルル」の場合

所在地	
東京都江東区	
構造・規模	
鉄骨造・5階建て（1階のみ）	
延床面積	建設費
256㎡	1900万円
特記事項	
事業計画、コンサルティング業務含む	

親子カフェはニーズがありながら補助金によってぎりぎり成立しているところが多く、一方で補助に頼らず自立経営しているものはといえば大手玩具メーカーや大型スーパーなどが運営しているもので、それらは逆に地域との連携、教育、食の安全性といったことにはあまり執着していないということがわかりました。

先の読めない企業の宣伝やCSR（社会的責任）ではなく、健全で持続的な運営は果たして可能か。それを考えるにはひとつの活動が誰を幸せ

□ランチプレート2500円は高くない

あたらしい事業を始めるとき、その分野の先行事例を調べることは有効です。ただこれだけ情報過多な時代なので、成功事例を後追いして、その縮小コピーをつくったところで同じように成功するのはむずかしいでしょう。むしろ失敗事例を調べていくことで、うまくいかない共通の理由が明らかとなり、より大きなフレームで問題点を解決していきながら、オリジナリティを加えていく、というスタンスがよいと思います。

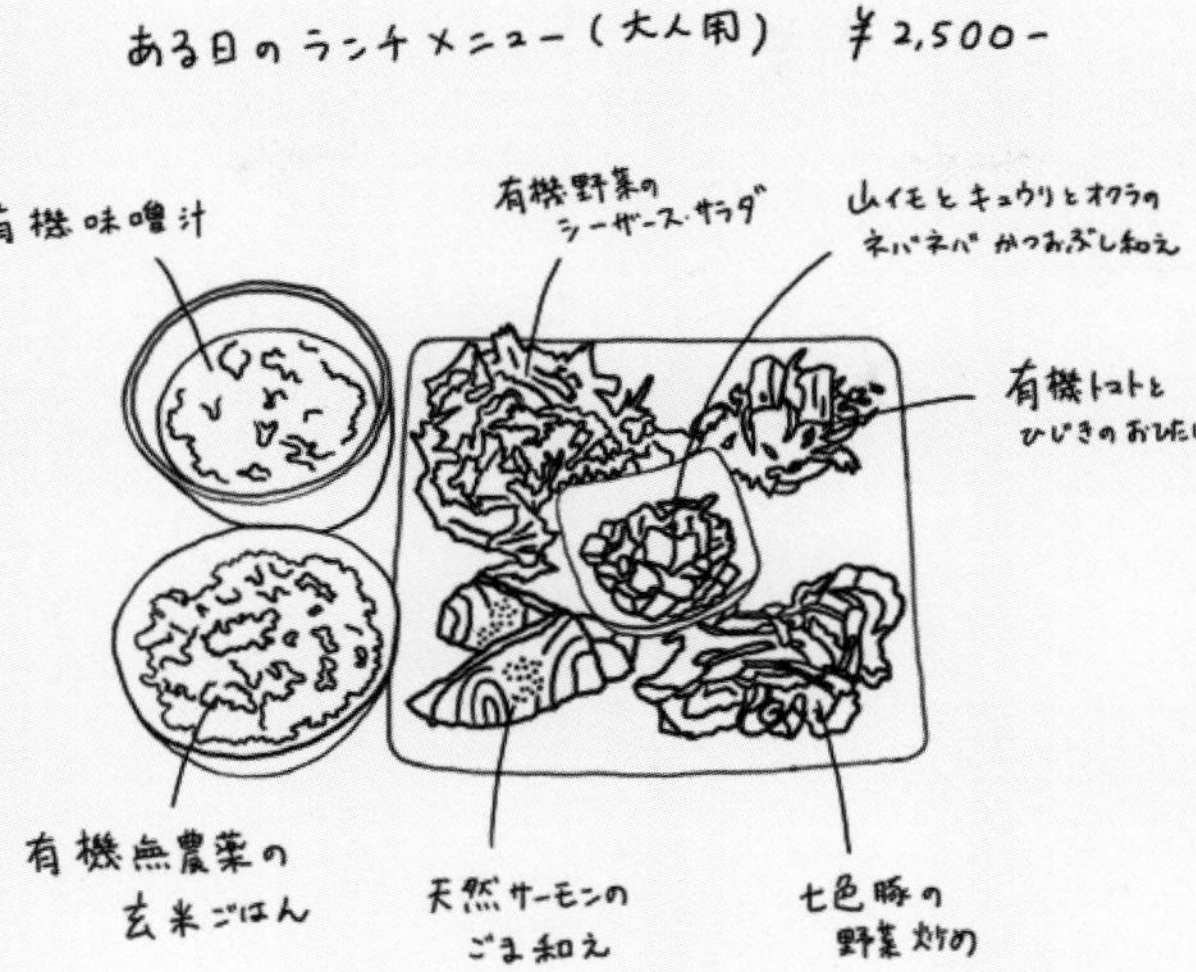

にし、誰に利益を供するか、想像力を働かせることです。「風が吹けば桶屋が儲かる」発想です。今回は母体であるプレスクールがそれに当たりましたが、周辺不動産オーナーや民間学童保育が共同出資するモデルもあるかもしれません。

一見ばらばらの課題に見えますが、パズルのピースをならべていくように一度に解決することはできないか。いつもそんなことを考えます。

□5％の人がよろこぶ場所

公共性を重んじるあまり誰もが利用しやすい施設を、という考えをついつい持ってしまいますが、そもそも「公共財」とは、「ある人が消費したからといって別の人が消費できる量が減るということがなく、共同で消費できて、特定の誰かの消費を妨げることのできない財・サービス」のことです。ただそれだけです（わかりやすい例でいうと打ち上げ花火です。参加者がひとり増えたとして

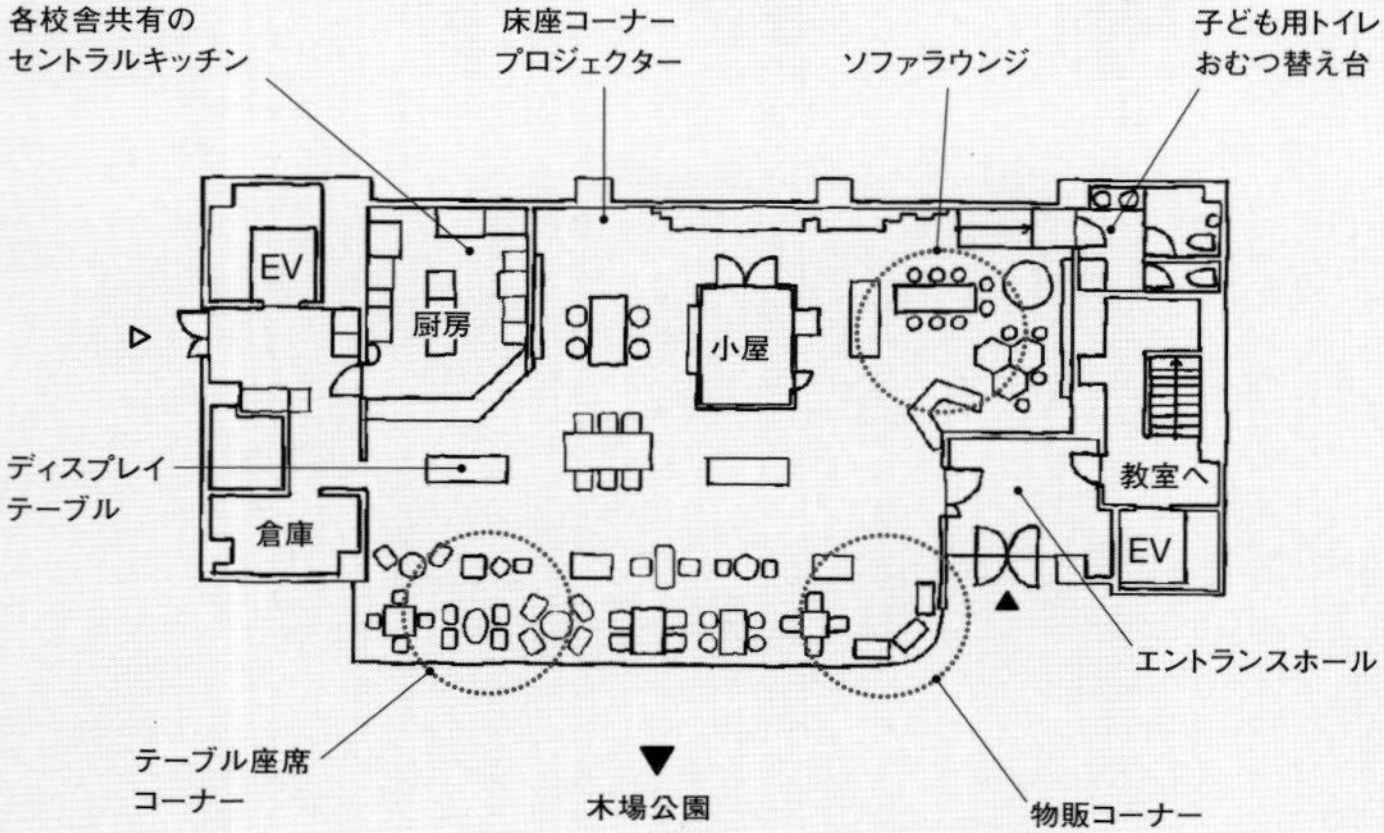

も、自分が享受する価値は基本的に変わりません）。誰にとっても好ましい場所をつくろうとした挙句に、結果的に誰も寄り付かない場所になるパターンが少なくありません。ターゲットを絞るということは公共性を損なうこととは同意でないのです。子育て中のパパママのニーズに応えたカフェ・ルル、子どもたちの身長に合わせたエリオットシアターはごく少数の層の満足度を上げることで価値を得ました。

官民連携による公共空間がこれから増えていくなかで、ターゲットを絞った公共空間こそ求められています。20人にひとり（5％）がよろこぶ場所をとことん考えましょう。それはそれ以外の人たちを排除することでは決してありません。じぶんたちの身のまわりに、個性の異なる公共空間がなるべく多様に散らばっていることこそが豊かな生活をつくるのです。

□3本の矢攻撃

クライアントの要望があいまいなときは、自分の専門領域にこだわり過ぎるとよい結果を残さないかもしれません。もしあなたが設計者であったとしたら、近視眼的に建築のクオリティだけを上げていくこと、じぶんのポートフォリオを充実させることに重きを置くのはときに危険です。デザイン性が高過ぎて利用者に逆に緊張を与えてしまったり、おとずれた人がじぶんはその場所にそぐわないのではと不安に感じたりすることもあるのですから（おしゃれ過ぎて引くというのはまさにそんな状態です）。じぶんの専門領域を信じ過ぎることなく、いつもその外側のフレームからあえて少し冷めた目で見つめ直すような姿勢がこれからは重要でしょう。

ルルの場合は工事予算も限られていましたが、「公園のような場所」というコンセプトを逆手にとって、ローコストでカジュアルでコンビニエントであること、つまりデザインし過ぎないことによって誰もが親しみを感じ、気軽に立ち寄れるような空気感を生み出しています。

そして柾木さんは自身の事業に「ここにしかない売り」を大切にしていました。それもひとつではなく、三つです。

1　徹底的にこだわった食材のメニュー
2　日本一の冊数を誇る英語の絵本
3　スタッフが英語で会話

ぼくは以降、これを「3本の矢攻撃（トリプル・アロー・アタック）」と呼び、ほかのプロジェクトでも意識するようになりました。事業においては「たったひとつの力強い提案」よりも「どれかひとつくらい当たるだろう三つの提案」くらいのほうが失敗しません。自分の予測なんて、それくらいいい加減なものなのです。

業界ルールに
抗おう。

Q16

仕事上「相手の気持ちになる」ことは、じぶんや会社に不利益を与えることにならないでしょうか。

需要と供給とか、労働と対価とか、つまり単純な経済学では相手の利得がじぶんの損失になることはたしかにあります。けれども実際はそういったことはむしろまれで、多くの場面で、相手の気持ちに寄り添ったほうがむしろじぶんの益になります。そしてそれができる相手を選んで仕事をしたほうがいいに決まってます。

サヤカさんは東京の町屋で不動産業を営む家族の次女です。いまは父親が中心となって切り盛りしている不動産業も、やがてはじぶんたちが引き継ぐ番になる。でも変わりゆく世の中で、この仕事もいまのままではやがてうまくいかなくなるだろう。そのために少しでも早くじぶんで腕試しをしておきたい。父もそれを応援してくれているので、力を貸してほしいという相談がありました。

そして彼女のいう「腕試し」とは、実際に空き物件を取得して、みずから出資して改修、

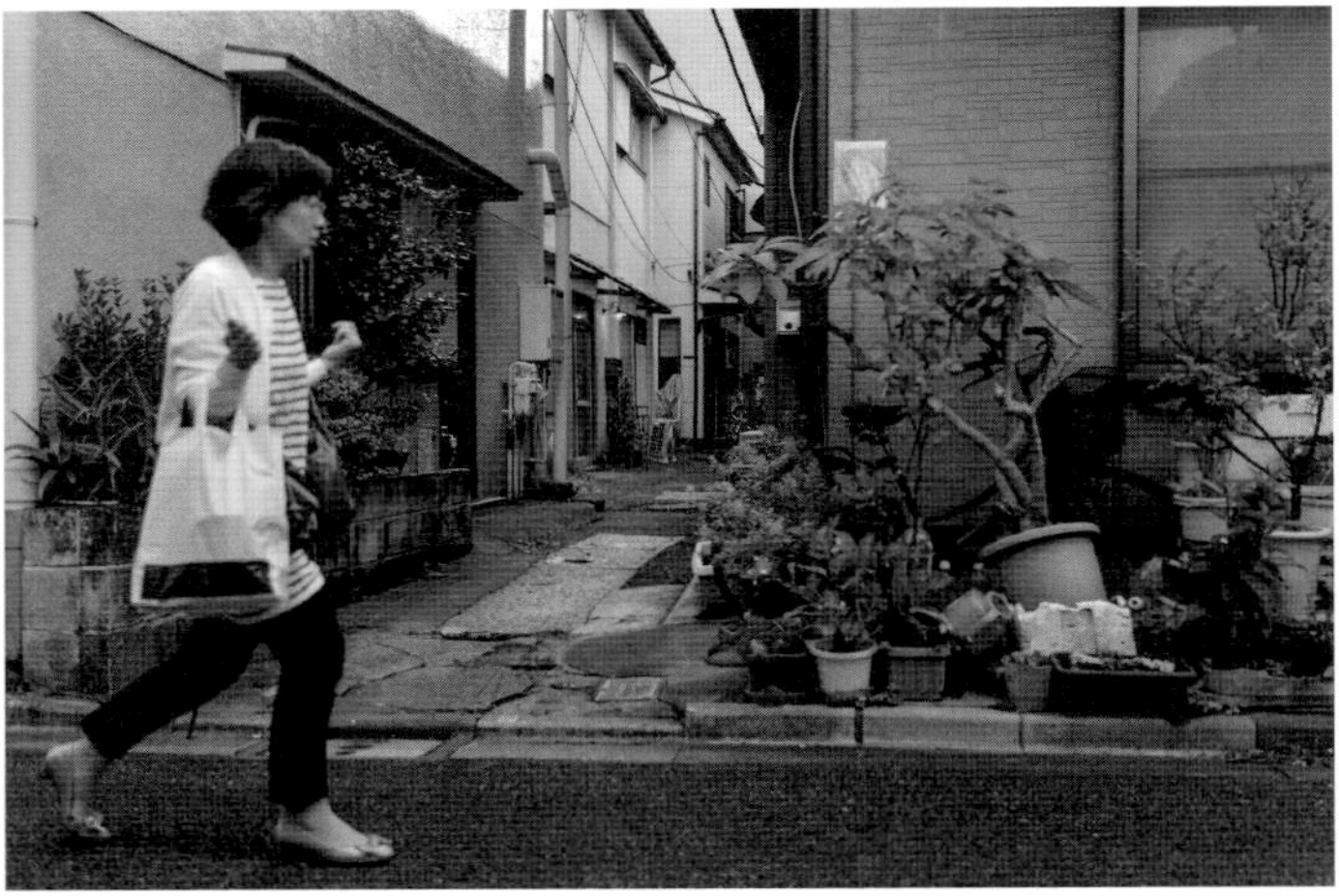

活用しながら稼ぎ、まちづくりにもつなげていくということでした。そういった趣旨であれば断る理由はありません。よろこんで力になる、とぼくは返事をしました。

その物件は彼女の実家からすぐのところにあり、道路から細い私道に分け入って、その奥に建つ、大きめの木造2階建て一軒家でした。建築基準法上の接道義務を満たしていないため、そのまま更地にして建て替えることはできず、となりの土地と一体にするか、もしくは改修して延命するかしかできないため、通常より安く購入することができたとのこと。古民家と呼ぶほどの風情はないものの、シンプルな間取りで大きな傷みもなく、使いやすそうな物件でした。そして留学経験もあるサヤカさんは、そこにじぶんで住みながら国内外から人が集まるゲストハウスを経営してみたい、ということでした。

物件取得以外にかけられる費用は1000万円。工事も家具も、そして設計料も消費税もすべて込み。事業収支の数字を一緒ににらめっこしながら、なるべくローコストで、かつ快適で魅力的な宿をつくれないか、ぼくとスタッフは頭をひねりました。近所の大工さんを紹介してもらい、ぼくたちが用意した図面をもとに工事金額を見積もってもらい、そのあとも何度か打ち合わせをしました。

けれどもどうしても予算内に収まらないのです。余計なデザインは排除し、ペンキくらいはじぶんたちで塗ろうよ、でも断熱や水回りは削れないよね、などと言いながら悩み続け、もうこのダイエットが限界、というところまでいっても100万〜150万円くらい、どうしてもオーバーしてしまうのです。

さすがにどうしたものか、考えあぐねていたときに、ぼくはふとあることに気づきました。工事費の外側でかかるお金、なかでもぼくがもらうことになる「設計監理料」がそれなりの割合を占めていました。ちいさな建物でも、設計事務所に依頼するとそれだけ人件費がかかってしまうため、コストは上がります。今回のぼくたちの契約は200万円でした。それすらぼくや担当スタッフの人件費、模型代や交通費、事務所の経費などを考えると決して高くありません。そのときあることを思い出しました。ぼくが初めて借金をして、シェアオフィスやハウススタジオを始めたとき、その借金がうまく返せるか、ビジネスがほんとうに成功するか、不安で不安で夜も眠れなかった日のことを。

これからゲストハウスを起業するサヤカさんも、きっと同じ気持ちにちがいない。期待よりも不安が大きく、眠れぬ夜が続き、1000万円の予算は1円も無駄にできない心境でしょう。そのときに設計料という実態や価値の見えづらいものに、200万円もかかってしまうのは、口に出さないまでも彼女としても苦しいのではないか。そんな大金があれば、もっとほかのことに使いたいかもしれない。でもそこを割り引くとうちの事務所も赤字になってしまう……。

そのときふと「カフェ・ルル」の柾木さんの顔が思い浮かびました。彼女もカフェを始めるときはほんとうに不安そうだったけれど、開業して収益が回り始めると心から感謝してくれました。もちろんだからといってボーナスをもらえたわけではないけど。

ボーナス。

そうか、設計料を安くしても、経営をスタートして彼女が稼ぎ始めたらその売り上げに応じて設計料をもらえばいいのか。その話をサヤカさんに伝えると、信じられないという感じでよろこんでくれました。これが**レベニューシェア（成功報酬）型設計契約**とのちに

ぼくが呼ぶものです。

同じ1万円でも、お金がないときの1万円と、お金が回り始めてからの1万円では、払う側の気持ちがまったくちがうのです。もらう側の気持ちが同じだったとしても。

ぼくははじぶんが起業したからこそ彼女の不安を想像し、そして木場の経験があったからこそ未来を透視することができ、彼女にとって好ましい条件を設定できたと思っています。

Q17

仕事の相手と信頼関係を築くには どうしたらよいですか。

とてもむずかしく、ぼくもうまくいかないことがたくさんあります。信頼は少しずつ積み重ねて増やしていくものですが、たった一瞬の言動ですべてが失われてしまうこともあります。とにかく基本的には相手に目をかける、ということがいちばん単純でたいせつなことです。無理を承知で言いますが、**よいときも悪いときもそばに寄り沿う**ということが、信頼を得るいちばんの方法です（物理的にそばにいる必要はありません。そばにいる、と思われることが重要です）。逆に目をかけることができない関係、たとえば相手がそれをわずらわしく思ったり、こちらが面倒に感じたりするのであれば、そこまでの関係だと思います。そう思うとだいぶ楽になります。

サヤカさんとの設計契約は大幅値下げしました。ただし売り上げが一定額を超えた場合にその一部をいただくことにしました。売り上げが少なかった月は払う必要はありません。ぼくにはこの物件のポテンシャルとじぶんたちのデザイン、そしてサヤカさんの宿主としての手腕に確信があったので、たぶん大丈夫だろうと思いました。

こういった契約を結ぶことにはサヤカさんだけでなく、ぼくたちにもメリットがあります。ひとつはそうすることで設計事務所の収入が「狩猟型」から「農耕型」に変わり、売り上げの変動が抑えられて安定するということ。ふたつめは事業計画から実際の運営まで、まるで経営パートナーのようにデータを共有してもらえることで、ぼくたちの事業スキルまで向上していくということ。でもいちばんよいことは、サヤカさんが契約をむすんだときから設計者を信頼してくれる、ということでした。

建築家やデザイナーはともすると「人のお金を使ってじぶんの作品をつくるくせに、ひとりよがりであとは知らんぷりな人たち」といった感じで警戒されます。けれどもレベニューシェア型の契約を結んだミウラさんは、運命共同体として、じぶんと一緒に伴走してくれるパートナーなんだ、と信頼してくれるのです。売り上げを少しでも上げるという**共通の目標に向かって、一緒に歩んでくれるメンターのような存在**。最初からそういう関係でスタートできると、設計の打ち合わせもとてもスムーズにいきます。そしてじぶんの売り上げがかかってくるので、工事中もいつも以上に現場に通い、廃材を救出して仕上げや照明の材料に転用したり、担当スタッフとともにペンキを塗りに通ったりしました。気がつくとぼく自身が当事者になっていました。

「こみち荘」と名づけられたその建物は、下宿管理人であるサヤカさんの部屋以外に、客室はぜんぶで4部屋。そのうち2部屋は長期貸しで、残りは短期貸し。そうすることで売り上げが安定するだけでなく、ゲストどうしがまちの先輩後輩のようになって交流も生まれやすいのです。そういったことは運営開始後にいろいろ試しながら決まっていきました。

「ミウラさん、この生活、ほんとうに楽しい。想像していた以上」

サヤカさんはニコニコしながら言います。ゲストたちとごく自然に触れ合いながら、タイミングが合えば自国の料理の腕を振るい合い、夜中までおしゃべりをして、帰国後もSNSやエアメールで交流が続くそうです。ぼくのところには毎月の売り上げが届き、年間を通じての変動の仕方や、ゲストの要望やクレームの整理など、いろいろ蓄積されていきます。売り上げもいまのところ順調です。

ぼくは「かっこいいデザインをパッと与えてくれるけど、とつぜんあとかたもなく消えてしまう魔法使いみたいな」建築家ではなく、「いつも側にいて、よいときはハイタッチ、不安なときは叱咤激励してくれる明るいゴルフキャディーのような」存在でありたい。

CASE 5

信頼関係をデザインする

──「こみち荘」の場合

所在地	
東京都荒川区	
構造・規模	
木造・2階建て（築50年程度）	
延床面積	建設費
88㎡	900万円
特記事項	
レベニューシェア型設計契約	

□設計料を6割引

ぼくたちが「レベニューシェア型設計」と呼ぶ契約方法は、支払額が固定されている委託契約ではなく、パートナーとして提携しリスクを共有しながら、相互の協力で生み出した利益をあらかじめ決めておいた配分率で分け合うことを意味していて、通常はたとえばソフトウェアの開発などの分野で用いられるようです。

設計事務所の仕事は在庫や仕入れは抱えませんが、必要経費（外部協力事務所への外注費用や担当スタッフの人件費など）がかかるため、「こみち荘」の場合は最低保証金額（ミニマムギャランティー）を正規の4割、80万円として設計監理契約を結びました。

そしてそのうえで、毎月の損益分岐点を超えたぶんの2割を開業後5年間にわたってください、という条件を付けました（つまり赤字の月はぼくたちの取り分もゼロになります）。じつはこの追加条項が双方にとって重荷にならない絶妙なバランスにする必要があります。

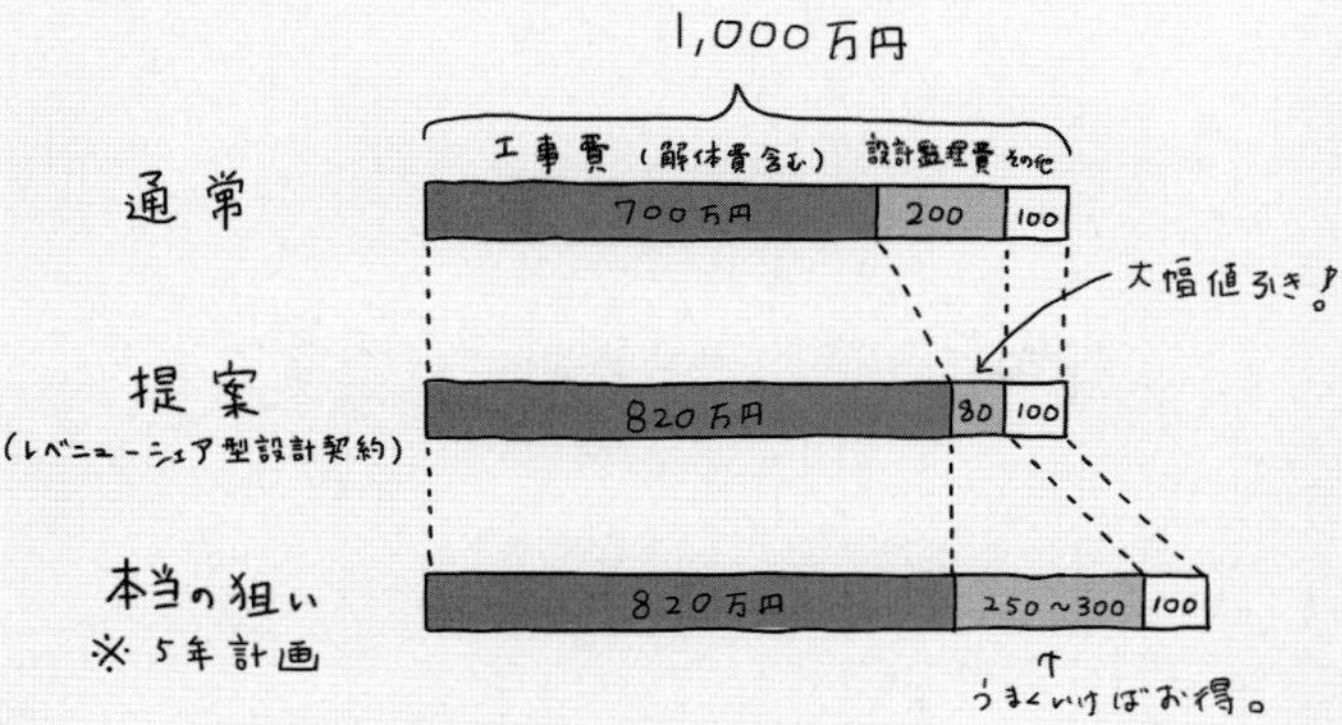

＜売上による別途報酬について＞　＊契約書より（甲：サヤカさん　乙：ミウラ）

期　間：施設営業開始より60カ月間とする。

支払額：月の売上（A）が損益分岐点（B）を超えた場合、
超えた分（A－B）の20%を甲は乙に支払うこととする。

その他：支払いは翌々月までに行う。

この方法にはさまざまなメリットがあります。設計事務所としてはじぶんたちの売り上げに直結するのでとにかくやる気が出ることと、うまくいけば通常よりトータルで多くの利益が見込めること（一括でもらうより分割してもらうほうが経理税制上も有利なことが多いです）。

発注者のメリットとしては初期投資を減らすことができ、設計の目的をシンプルに「売り上げを上げる」として設計者と共有できることです。

でもなにより、「人のお金でじぶんの作品をつくって、そのあといなくなってしまう気むずかしい芸術家」ではなく、最低5年は苦楽をともにしてくれる経営パートナーである、という信頼関係を最初に築けることが両者にとっての最大のメリットです。

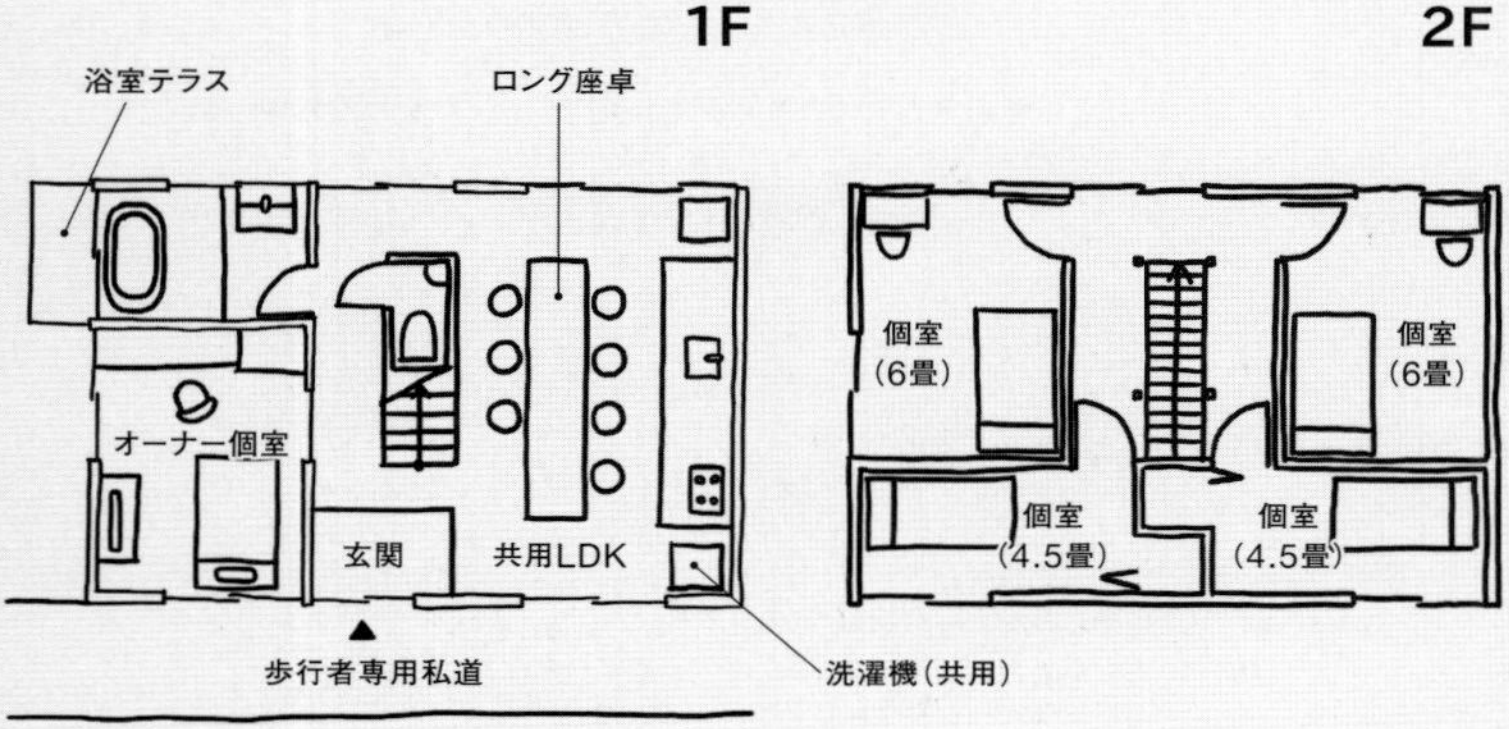

□1＋2＋2の住まい

「こみち荘」は延床面積90㎡弱の木造一軒家ですが、そこに五つの個室が用意されていて、個室にはトイレも洗面もありません。1階に「主人の部屋」、2階に「長期貸しの部屋」「短期貸しの部屋」がそれぞれ2部屋あります。

オーナーが当事者としていつもそこにいる、ということは大きな魅力になります。できる限り寝食をともにし、困ったときだけでなく、常日頃顔を合わせていることでさまざまな信頼関係が生まれます。まさに「下宿屋のおばちゃん」的存在です。それに加えて、旅人の先輩、後輩が重層的に集っているというのがひとつ屋根の下で暮らす環境としてとても豊かに思えました。住民と観光客という単純な分類ではない、心地よいグラデーションがここにはあるのです。

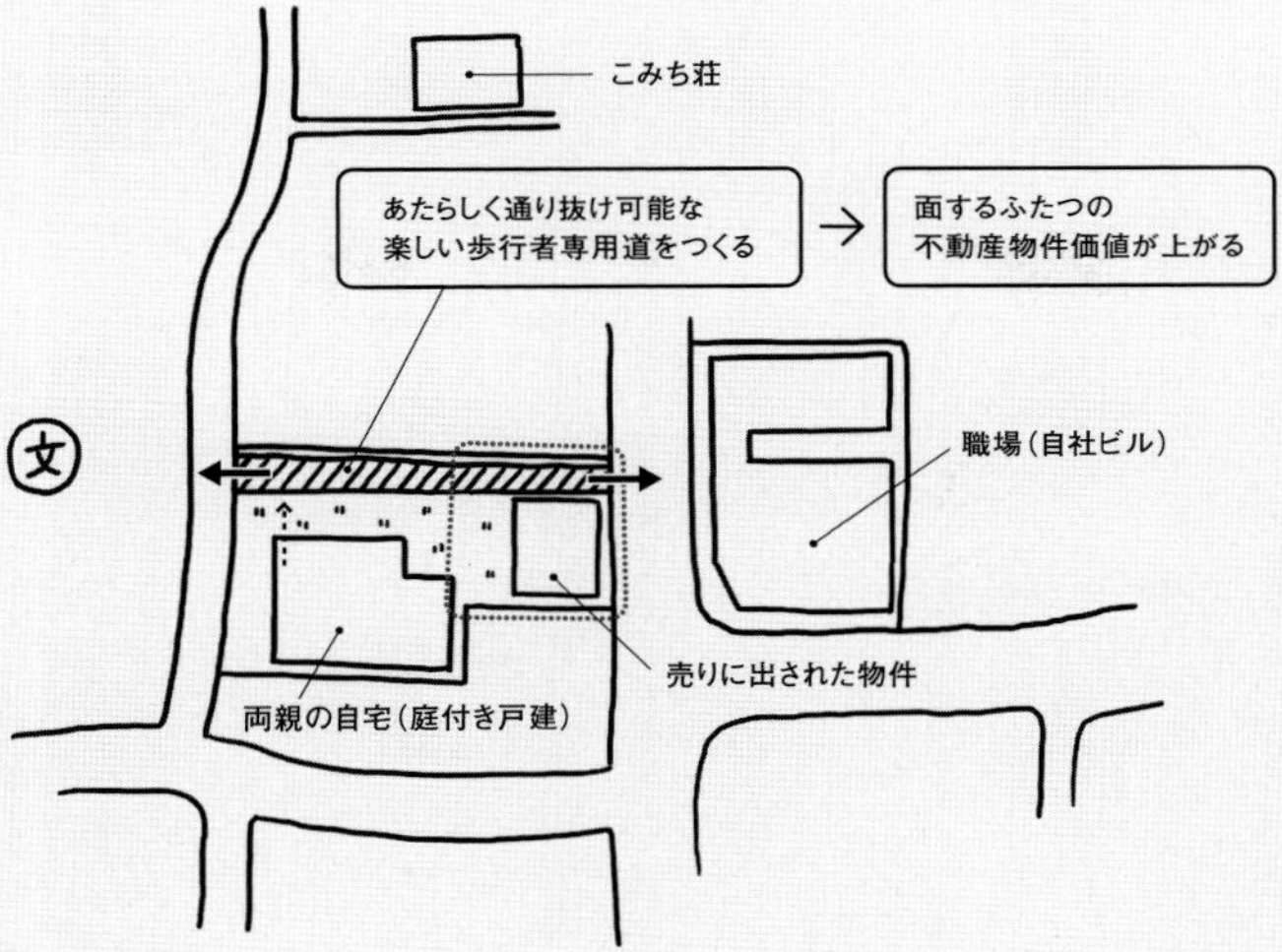

□三つの敷地を道でつなぐ

むかしの人は「となりの土地が空いたら借金してでも買え」と言いましたが、これはあながち間違っていません。後日、サヤカさんの会社が所有するビル（1階にはサヤカさんたちが家族経営する不動産屋さんが入っています）と、サヤカさんのご両親が住む一軒家のあいだに挟まれる物件が売りに出されることがわかったとき、ぼくはサヤカさんのお父さんにその物件の取得を勧めました。

もしその土地を手に入れると、職場と自宅が最短で結ばれるだけでなく、道路と道路をつなぐ楽しい私道をデザインすることができ、そこではテーブルや椅子をならべたり、マルシェを開いたりすることができます。その私道に面する物件の不動産価値はそのおかげでさらに高まるからです。

ぼくたちはこういったちいさいけれど人の流れを変え、まちを楽しくする戦略を「縮退時代のゲリラ的都市計画」と勝手に呼んでいます。

不安を共有しよう。
余計な口を挟もう。

Q18

じぶんのやりたい仕事と任される仕事がちがいます。どうしたらよいですか。

これは組織内外にかかわらずほんとうによくあることだと思います。「こんな仕事、じぶんがやるべきことではない」「わたしだったらあの仕事をもっとうまくできるのに」とくやしい思いをすることもあるでしょう。ひとむかし前の考え方であればとにかく黙って修業、という感じだったでしょうし、最近ではそんな会社やクライアントであればさっさとやめてつぎに行こう、という考え方も増えてきました。ただ残念ながらどこに行っても、初めは必ずそういう状況に直面します。なぜなら世界はあなたのことをよく知らないからです。

それに対してできることはふたつあります。ひとつはどんな仕事でもじぶんが楽しむところを発見すること。ちっぽけなことや本質的でないことでもかまいません。とにかくなるべく早い段階で、よおく目をこらしてそういうポイントを探し出す習慣をつけることです。たとえばある報告書を頼まれたら、それがどんなふうにレイアウトされていたら見やすいか、どんなサイズで、どんな紙で、どんな字体で、行間は……というのをじぶんなりに考えてみたり、ヘッダーやフッターのデザインを考えたりしてもいいでしょう。うまくいかなければグラフィックの本などを読んでデザイナーのまねごとをしたり、この際あたらしいアプリケーションの使い方もおぼえるといいかもしれません。あるいはある表計算をまとめろと言われたら、つぎに同じ仕事を頼まれたときにいかに効率的にできるか、いまのうちにじぶんなりのひな形をつくっておいたほうがいいのか、引き継ぎしやすいマニュアルのようなものを残せないか、それはどのようなものだとわかりやすいのか、などといったことも考えると楽しいかもしれません。

そういうことをなにも意識せず、早く終わらせることばかり考えて、目の前の仕事を工夫なく打ち返してばかりいると、その仕事は当然つまらなくなります。つまらなさそうに仕事をしている人には、困ったことにつまらない仕事が集まります。逆にどんな仕事に対してもじぶんなりに楽しんでいる人は、まわりがその人のおもしろがり方に気づき、「つぎにこういう仕事が来たらあいつに任せてみよう、おもしろそうだから」というように、代えのきかない人材へと変化していくのです。そしてそうなると今度は、じぶんが好きで得意な仕事が自然と集まってきて、より一層じぶんなりに楽しく工夫して仕事を進めていけるでしょう。

ふたつめはそれとは逆で、なにかおもしろそうな仕事があったら、時間外だろうと報酬が低かろうと、もはや仕事とすら思わずに、とにかく全力でそれにかかわっていくということ。もしあなたが幸運にもそういう仕事に出会えたのなら、採算は度外視して（というかなんとかやりくりして）、結果を残すためにできるかぎりをつくしましょう。

設計事務所の場合、通常の受注仕事（クライアント・ワーク）以外に、コンペやプロポーザルといった仕事があります。これはおもに自治体や企業などが事業主体となるもので、複数の提案者から提案を募り、いちばん優れていると判断されたもののみが受注するという仕組みです。応募者のメリットは、じぶんがよいと思うものを積極的に提案するため、もし選ばれたときはじぶんたちのアイデアが受け入れられやすいということ。デメリットはといえば、たくさんの参加者に対して勝者はたったひとりだけで、それ以外の人たちは徒労に終わってしまうということです。

ぼくも独立間もないころから、コンペやプロポーザルになんども取り組み、負け続けました。そもそもなんの実績もないぼくたちが参加できる企画の数が少ないので、ごくたまに参加資格があるコンペには同じように若い設計事務所が１００や２００平気で集まり、そこで勝ち残るのはまさに宝くじのように、ほんとうに至難の業なのです。

いまより大きな仕事がしたい、公共の仕事をやりたい、なんとか勝ち残って有名になりたい……いろんな思いを胸に秘めて、一生懸命案をつくって、負け、もう二度とコンペなんてやらない、と思いながら翌月にはまたつぎを探す……ということを繰り返していました。そんなとき、あるまちで大きな劇場の設計者が募集されていました。ぼくは以前たまたまそのまちをおとずれたことがあって、あたらしい計画があることを耳にしていました。募集要項からは読みとれない、まだまだつかえそうないまの劇場、建設予定地にあるちいさな商店街、膨れ上がるであろう施設維持費を考えると、どうしても手をあげる気持ちにはなれませんでした。

そしてそのとき気づいたのです。いままではじぶんの名誉や実績や報酬のためにコンペに挑んでいたものの、その計画自体がほんとうにその場所、そこの人たちにとって好ましいことなのかについてはなにも考えてきませんでした。知らないうちに、まちの未来をじぶんが望まない方向へ導くことに加担してしまう可能性にはっとしたのです。

以降、あたらしい応募要件があると、実績やスケジュールと同時に、計画が**「自分なりの正しさ」に合っているか**をできるかぎり意識するようになりました。そしてじぶんなりに納得し、応援したいと思うもののみに参加を絞るようにしました。するとただでさえ参加できるものが少なかったのに、ますます少なくなってしまいました。

2013年の夏、人口5000人の長野県木島平村《きじまだいら》というちいさな村で設計プロポーザルが開催されました。村の入り口である交差点の角にある大企業のかつてのトマト加工工場を、村が土地ごと買い取り改修してあたらしい農業の拠点施設にするという計画でした。要綱をひと通り読み終えて、ぼくはつぎの理由でこのプロポーザルに参加したい、この仕事をぜったいにやってみたい、と思いました。

1　大企業が一等地に施設を構えたものの、打ち捨てられているという現状
2　古い建物を壊さずに改修活用していくという考え方
3　農業の六次産業化というテーマであたらしい公共空間をつくるというテーマの現代性
4　その設計を地元に限らずよい提案をした者に託すという村の姿勢

じぶんが普段もやもやと感じている問題意識と、村が必要としている解決策がしっくり合っているような気がしました。そして一日も早くまずは現地を見に行こうと決意しました。たまにおとずれるこういうどきどきやスピード感、いてもたってもいられない内的衝動のようなものはたいせつにしましょう。

Q19

これからの社会で「デザイン」になにができますか。

「デザイン」の定義というのは時代によって変わります。だからその役割というのは誰かが決めたり教えられたりするものではなく、未来の社会を想像し、その時代に役立つものごとのあり方や価値観の仮説を立てることから始まります。

たとえば戦後間もないころはモノがあるだけでありがたい時代でした。そしてつぎの段階として安全性や安定性が求められ、そのためのデザインが必要とされました。さらに進むとそれが美しい、かっこいいことが求められ、それに飽き足らなくなると今度はそれが低価格であることもデザインの条件となってきます。そして時代はさらにそのつぎの段階へと移りつつあります。それはどんな条件なのでしょう。

木島平のプロポーザルが発表されてから数日後、ぼくは現地にいました。ちいさな村ですが水がとびきりおいしく、そのためお米を中心にさまざまな農産物が採れます。ぼくがおとずれたころは田んぼには稲が瑞々しく生い茂り、畑には軽やかな半透明のハウスがた

たずんで太陽の光をきらきらと反射させていました。対象となる工場はかつてはもちろん関係者しか入れない建物だったので、村の人びともほとんど入ったことがありません。今回のプロポーザルに際して初めて内部が一般公開されました。

使われなくなったトマト工場は体育館のような大空間で、巨大な芋虫のような太い蛇腹のダクトが天井を這い、ベルトコンベアが空中を横切り、見たことのない加工機械がまるで現代彫刻のように置かれていました。シビれました。人間の快適性とはちがう目的でつくられているからこそ、手の届かないかっこよさがあって、できることならそれをなるべくそのまま残し、村じゅうの人たちにも見てもらいたいと思いました。一からつくる新築ではなく、いまあるもののよさを最大限活かして、そこでしかできない建物にしたい。いままで立ち入ることのなかった村人たちがそこで楽しく時間を過ごし、その様子が周囲の美しい田園風景に溶け込むような風景をつくりたい。そんな思いを胸に秘め、わくわく妄想しながら東京に戻りました。

話は戻りますが、これからの時代のデザインにあらたに加えられた役割はどんなものでしょうか。ぼくはその**モノの背後に人びとが共感する物語を埋め込む**ことがデザインの大きな役割になると思っています。それがこの世界に存在することに納得がいく、腑に落ちる、自然である、ということを人びとに共感してもらうことが重要な時代になってくると思うのです。エシカル・デザインということばに代表されるように、多少価格が高かったり、製品にばらつきがあったり、あるいは傷物であったとしても、それを許容してあまりある豊かなストーリーこそが社会を変えていくエンジンになると思います。デザインはそういった物語のいわば器のような存在です。

木島平の場合、まず物語の前日譚《ぜんじつたん》として、村の一等地にかつて大企業が工場を建て、そこで多くの人が働いていたという歴史があります。これはたとえば幹線道路沿いに大型スーパーが建ち、みながそこで働き、買い物をするという全国どこでも見られる状況と筋書きは同じです。その結果、むかしながらの商店街やアーケード、個人商店には客足が遠のき、衰退していきます。ところが大型スーパーはその地域とはほとんど関係のない理由（経営統合や効率化、親会社の方針の変化など）である日突然閉店したりします。そうなると地域の人たちはもはや帰る場所を失っているので、まちが衰退していくのです。これがいま全国各地で起きているリアルな物語です。

そういったこれからの地方都市でますます増えていくであろう状況に対して、プロトタイプのようになる解決策を提案できれば、それは村のみならず社会全体のためにもなると思いました。そして今回、幹線通り沿いのその建物を壊さずに、土地ごと自治体が買い取る（減価償却が終わっているため、更地よりもさらに安い値段で土地と建物を取得できる）という判断と、地域の主幹産業（木島平は農業）を再編集することであたらしい価値を生み出す、というストーリーはすでに村が用意してくれています。よってぼくたちの仕事はそういったあたらしく現代的な文脈と要求に対して、建物のかたちとしてどう応えるべきか、ということが試されているととらえました。

相手の要求にうわべだけの返事をしていては、どんなにセンスがよくて、ぱっと見かっこいいものがつくれたとしても、これからは厳しくなると思います。**リクエストの奥にあるほんとうにその人が欲しているもの**を見つけ出し、その解決策がその相手のためでありながら、同時に未来における普遍性を持っているかどうか、そういったことに頭を働かせないかぎり、勝ち残れなくなってきます。過酷な時代ですよね。

ぼくたちの提案は単純なものでした。TRUNKやオーガニックカフェ・ルルのように、とにかく建物をまちに開きたい。そして工場のようなブラックボックスではなく、暗い大雪の夜でも中の活動が外から見えるようにしたい。そのためにもとの工場はなるべくそのままにして、透明な箱のようなもの、あの日きらきら輝いていた農業用ハウスのような小屋を建物の四方から差し込むことで、風も光もそこから取り込み、おまけにそれが全体の構造の補強にもつながる、という方針をたてました。

そしてもうひとつ、今回計画されていた直売所や加工場、キッチンスタジオやレストラン、カフェといった複数の機能を、機能的にまとめるのではなく、あえてばらばらに離して配置しました。複合施設の場合、建築計画学的には裏方機能をまとめて、来館者とスタッフの動線をしっかり分けることがセオリーです。けれどもぼくたちはそれをあえてまったく逆に、切り離して行き来させるという賭けに出ました。

20世紀の建物は機能性を優先し、効率を決定要因としてデザインすることによる美しさを追い求めてきました。けれどもたとえば農家から運び込まれる野菜や、加工場で加工された焼きたてのパンやできたてのジェラート、それを急いで運ぶシェフが、お客さんのあいだをすり抜けていくほうが、むしろ楽しく魅力的だと思ったのです。新鮮な食材が目の前を通り過ぎるライブ感。そして観客に見られることでやりがいと緊張感を感じるスタッフ。そのわきになんとなくひまつぶしに来ているおじいちゃんと孫。さまざまな人たちの動きを、整理するのではなくて、あえてこんがらからせてしまうことで、予期せぬ出会いにあふれたあたらしい豊かさを実現できるのではと思ったのです。

愛と情熱の甲斐あってか、独立7年目にして初めて勝つことができました。そのときのうれしさは一生忘れません。みんなで抱き合いよろこび合ったのでした。

Q20 ほんとうの仲間として仕事をするにはどうしたらよいですか。

日本のどこにいても、ネットで注文すればほしいものがいつでも安く手に入る時代に、商売は大きな変化を迫られています。そして設計の仕事もまた同じです。検索すれば設計事務所はいくらでも見つかるし、ウェブを見れば美しい建築作品がカタログのようにたくさんならんでいます。見れば見るほど誰に頼めばいいかわからなくなる、というのが消費者の思いだと思います。そのときに大切になってくることはふたつ。

ひとつめは、いま目にしている情報や選択肢を信じることができるかということ。ものによってはきちんと調べる方法などはあるでしょう。けれどもデザインなど正解のないものに関しては、最終的にはその「人」に対する信頼感のようなものになります。つまり専門的な細かいことはよくわからないけれど、この人が言うのだから、この人が選んだ道なのだから大丈夫だろう、という漠然としてはいるけれど、しっかり存在する安心や信頼のようなもの。そしてそういった信頼を築く方法は人それぞれです。朝まで一緒に飲んで打ち解ける人もいるでしょうし、会社の規模や売り上げ、受賞歴などで決断する人もいるでしょう。古くからの幼なじみとか、共通の趣味を持っている、といったこともあるかもしれません。選ばれる立場のぼくができることは、まずとにかく「素直でいること」だと思っています。設計者である前にひとりの人間で、卑しい部分もあるし、だらしないところもある。間違えることもある。そういうときはとにかくきちんとごめんなさいと謝る。そういったことを包み隠さず、自然体でいることが第一のように感じています。プロだから弱みを見せない、誤りをみとめると責任がおよぶかもしれない、という思考ではなく、むしろミスも全部ひっくるめてミウラという人格であるとみとめてもらうこと。

そしてふたつめは、そういった時代だからこそ、消費者はあたらしい価値や経験を求め始めています。それは「いいものを少しでも安く買う」という考えから「**プロセスに参加しながら楽しむ**」という考えへのシフトです。これは子育てをしているとほんとうにわかるのだけど、レストランで食事をするよりも、キャンプで自炊する経験をさせたい。スーパーでお米を買うのではなく、田植えや収穫の体験をさせたい。わざわざお金と時間をかけてそういった舞台裏の「面倒」を体験するのです。だから少なくともぼくと一緒に仕事をしてくれる人は、できたものだけではなくその途中もなるべく楽しんでもらいたい。設計段階から、ふつう入ることのできない工場や加工場、場合によっては製材される前の森の中。

そういったところに一緒に出かけて行き、あるいは建物が完成したあとも、その建物をぼくも一緒につかって楽しんでいく。そういう発想で仕事をしていけば、単なる契約業務という世界を超えて、より長く楽しい時間を一緒につくることができると思うのです。

木島平村の新しい農業の拠点施設は「道の駅FARMUS（ファームス）木島平」と名づけられ、2015年4月にオープンを迎えました。村じゅうの人たちが一目見ようとやってきて、数日間にわたって施設内のさまざまな場所で同時多発的にイベントが行われました。そしてそのオープニングイベントのあいだ、設計者であるぼくは会場の中心でスポットライトを浴びながら、得意満面に施設を案内していた……はずだったのですが、なんと、ホールに設けられたわずか1坪のテントブースで、生まれたばかりの長女を抱きかかえながら妻と一緒にせっせとTシャツを売っていました。その経緯をお話しします。

設計で足繁《しげ》く村に通っていたある日のこと、村のおじいさんがめっきりお店の減った商店街を歩きながら懐かしそうにこうつぶやきました。

「ここにはな、むかし中村劇場という映画館があってな、2本立ての映画をやってたんやけど、2本目が始まって少しすると番頭のおばちゃんが子どもだけはこっそり中に入れてくれるんよ。男女のせっぷん、を初めて見たのもここやったなあ」

その話を聞いてぼくは決心をしました。いまこの村には映画館なんてありません。映画を見に行こうとすると、飯山線で片道1時間かけて長野市内まで出る必要があります。つまり村の子どもたちにとって映画館に行くのはほんとうに特別なできごとなのです。そこで、村にあたらしい施設ができたら、1日だけでもいいから映画の上映会をして、普段映画館に行けない子どもたちや、子育て中のパパママ、お年寄りも一緒になって、大きなスクリーンを見て、笑ったり泣いたり、楽しいひとときを過ごしてほしいと思ったのでした。

それ以降、ぼくは村の担当者にことあるごとに「オープニングは映画の上映会をやりましょう。村じゅうの子どもたちを呼んで」と語り続け、その日を夢見てうっとりにやにやしていました。担当者もうんうんわかったわかった、それはいいね、とうなずいていました。ところがいよいよ建物が完成間近になり、開館イベントプログラムの打ち合わせ段階になって、「ミウラくん、ごめん、予算も締めちゃったし、あれ無理だわ」と悪びれず言うのです。設計業者としての立場をわきまえれば、ぼくにはイベントに口を出す権利はありません。けれどもぼくは仕事とか立場とか関係なく、それが行われるべきことと確信していたのです。

喉元までこみ上げる怒りをこらえながら、ぼくは担当者にこう言いました。

「わかりました、じゃあぼくがお金を出すから、映画上映会をやらせてください」

担当者はさすがにびっくりして半分あきれながら、だったらいいよ、でもほんとうにいいの？　とまったく不思議そうな表情を浮かべました。

啖呵《たんか》を切ったものの、そんなお金はどこにもありません。ぼくの会社の社長、つまり妻に対しても説明がつきません。どうしたものか……と悩んでいたときに、ふと施設のホール中央に設置したテントブースが目に入りました。このブースはまだお店を出す勇気がない人たちにためしに安く出店してもらうためのものでした。ぼくがそこでなにかを売れば、イベント運営費用を稼ぐことができ、施設の盛り上げにも一役買えるとひらめいたのです。

けっきょく、イラストレーターの斎藤弥世さんにまた協力してもらってFARMUSのオリジナルTシャツをつくり、そこで売りさばくことにしました。利益ノルマは20万円。200枚くらい。店番はぼくと妻、事務所のスタッフが交代で入りましたが、結果的にとてもよかったです。利用者となまの会話が楽しめて、人の流れもじっくり見ることができました。お客さんの何人かにぼくがこの建物の設計者であることを打ち明けると、びっくりおもしろがってくれました。

そしてイベント最終日には目標に近い額を売り上げ、映画イベント「FARMUSの子どもえいがかん〈sponcerd by ミウラ〉」は見事に実現しました。上映に向けて、村じゅうの幼稚園や保育園、小学校に手分けしてチラシを配ったものの、実際どれくらいの人たちが来てくれるか不安でした。ところが上映1時間前くらいから親子連れがちらほらと集まり、開演前には満席に。満席といっても座席があるわけではなく、ホールの床にクッションやピクニックシートを敷いただけなので、まるで花見や花火大会のような感じでした。

プログラムは移動映画館「キノ・イグルー」さんと話し合い、短編映画をフランス料理のコースメニューのように、MCを挟みながら15本くらい見ていく形式にしました。途中で帰りたくなっても、あるいは遅刻してきても誰もが楽しめる夜にしたかったからです。そして上映がスタートすると、子どもたちの笑い声やさけび声の途切れない、ほんとうにしあわせな光景を目の当たりにしました。きっとむかしの映画館ってマナーもルーズでこんな感じだったんだろうな、という懐かしくもあたらしい木島平らしい映画館となりました。

舞台の片隅から、スクリーンの光に照らされるたくさんの村の子どもたちの笑顔を見ながら、鳥肌が立つほどのしあわせを感じつつ、そのときぼくはある決意をしました。設計者として建物を完成させてこの場から立ち去るのではなく、これからもこの建物にかかわり続ける方法を考えよう、と。

そしてイベントの翌週、施設の指定管理会社の株主申込書にサインをしました。そうすれば建物に不具合が出たときだけ呼ばれる設計業者ではなく、施設の経営に堂々を口を挟む立場になれると思ったからです（そしてこのアイデアはのちに大変めずらしがられ、その年のグッドデザイン金賞、経済産業大臣賞を頂くこととなりました）。

なによりもよかったのは、ぼくが自腹を切ったいわば「俺フェス」がすこぶる評判がよく、

「またやってほしい」という声がたくさん届き、なんと半年後、役場の担当者みずから「ミウラくん、あれすごいよかったから、今度クリスマスイベントは村がお金出すからまたやってよ」と言ってくれたことです。

人は見たことのない風景に対してはなかなか踏み出すことができません。まずは**少し無理をしてでもその風景を実現させて、体験させてあげることが重要**です。するとそのときに負ったちいさなリスクはやがて信頼となり、大きな見返りとなって必ず返ってきます。請負業者という固定化された立場をわきまえるのではなく、ひとりの人間として、ときにみずからがリスクを負うこと。信じる世界を実現しようと努力すること。それが結果的に力強い信頼を築き、あたらしい関係性、未来のよきパートナーとなるのです。

DELICACIES
暑い季節の日除け対策

CASE 6

効率性から出会いへ

──「道の駅FARMUS木島平」の場合

所在地	
長野県木島平村	
構造・規模	
鉄骨造・1階建て（築27年）	
延床面積	建設費
1,878㎡	6.3億円
特記事項	
旧トマト加工工場。「農の拠点」として六次産業化を図りつつ「駅の道」認定を取得	

□26本の矢印

FARMUSの場合、最も面積の大きな食品の加工場以外に、マーケット、レストラン、カフェ、キッチンスタジオなどが併設されているため、それらのあいだを食品が循環することで、フードロスを限りなくなくすような計画が立てられました。日によって時間によって季節によって、その動き方、矢印の向きや太さは刻々と変わりますが、まずはいったんそれをすべて平面図に描き落とすことにしました。そしてそれとは別のレイヤーに、この施設のどの場所にいったいどんな目的を持った人たちがやってくるのだろう、という矢印を思いつくかぎり描いてみました。すると合計26本の矢印が平面図を埋め尽くし、たくさんの交点が生まれました。この交点こそが従来の建築計画にはない幸福なアクシデントを生み出すような気がしてわくわくしました。

この矢印をもとに、家具の置き方や運営のアイデアなど、たくさんのことを決めていきました。

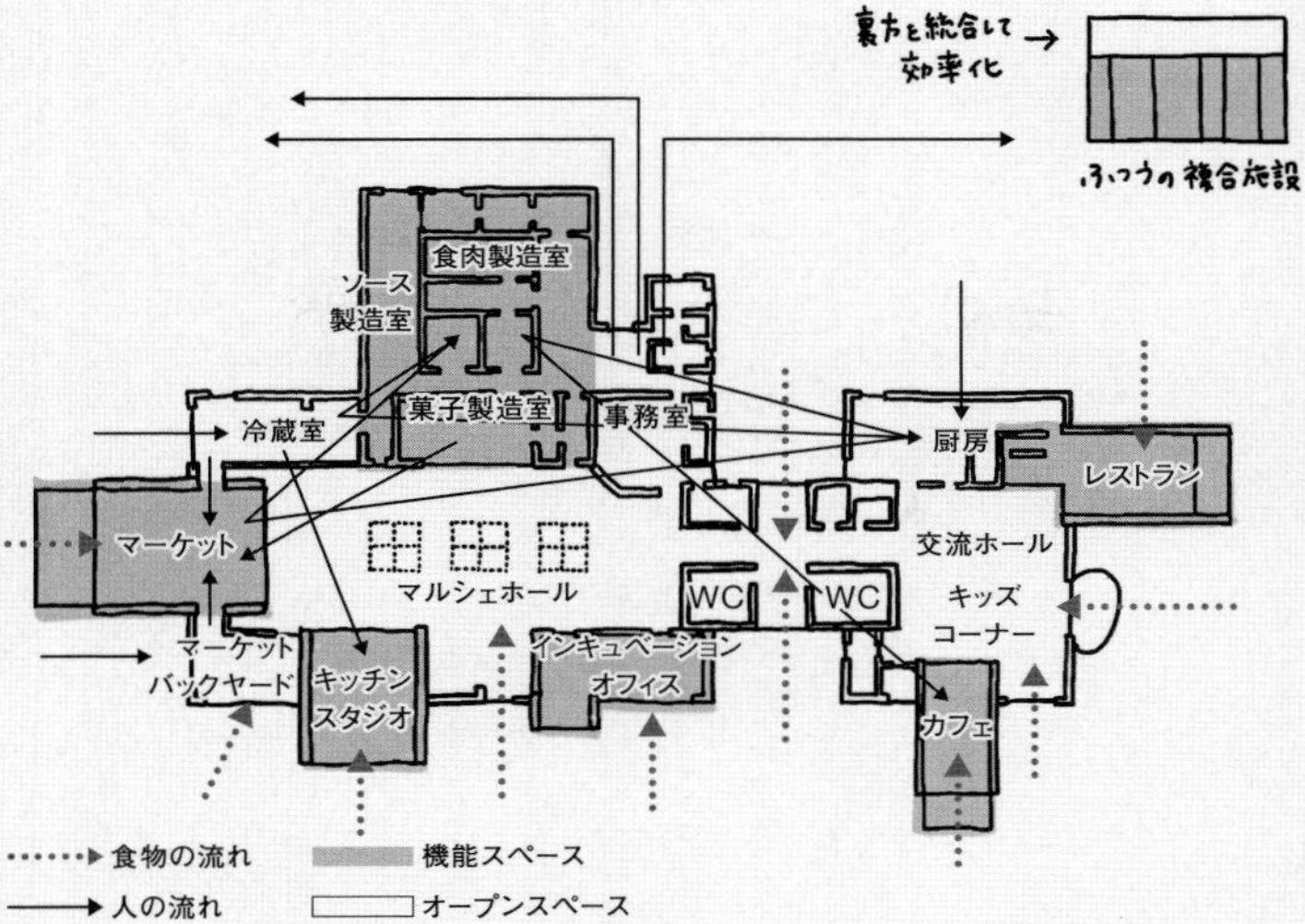

□交通費は売り上げの5%

「地方の仕事が多くて大変ですね。交通費も相当かかるでしょう」と言われることがあります。木島平村の仕事が決まったとき、初めての公共事業ということで意気込みやプレッシャーは相当のものでした。だから採算度外視でとにかく呼ばれたらいつでも飛んでいき、工事中は地元に一軒家を借りてスタッフが住み込みで常駐監理を行い、ぼくも足繁く通いました。その甲斐あって若くて実績のないぼくたちに対しても、役所や村の人たちは信頼と愛情を抱いてくれるようになりました。もし交通費をケチって顔を出さなかったとしたら、「これだから東京の業者は……」と、さまざまな局面でうまくいかなかったと思います。

それ以降ぼくたちの事務所では、現場がどんなに遠くても交通費をいとわず最速で現地に行くよう徹底しています。「困ったときにすぐ飛んできて、顔を見せてくれる人」というのは技術的に優れていることよりも重要な気がします。

そして最近あることがわかりました。ぼくたちの事務所は売り上げは年によってバラバラですが、年間トータルで分析していくと、事務所全体の交通費は売り上げのたかだか3〜5%で毎年ほとんど推移していないのです。それを多いと見るか少ないと見るかは人それぞれですが、ぼく自身は、その1回をケチったことで失うチャンスや信頼関係を考えると、交通費は必要に応じて気兼ねなく使うことでそれ以上の価値として返ってくると信じています。

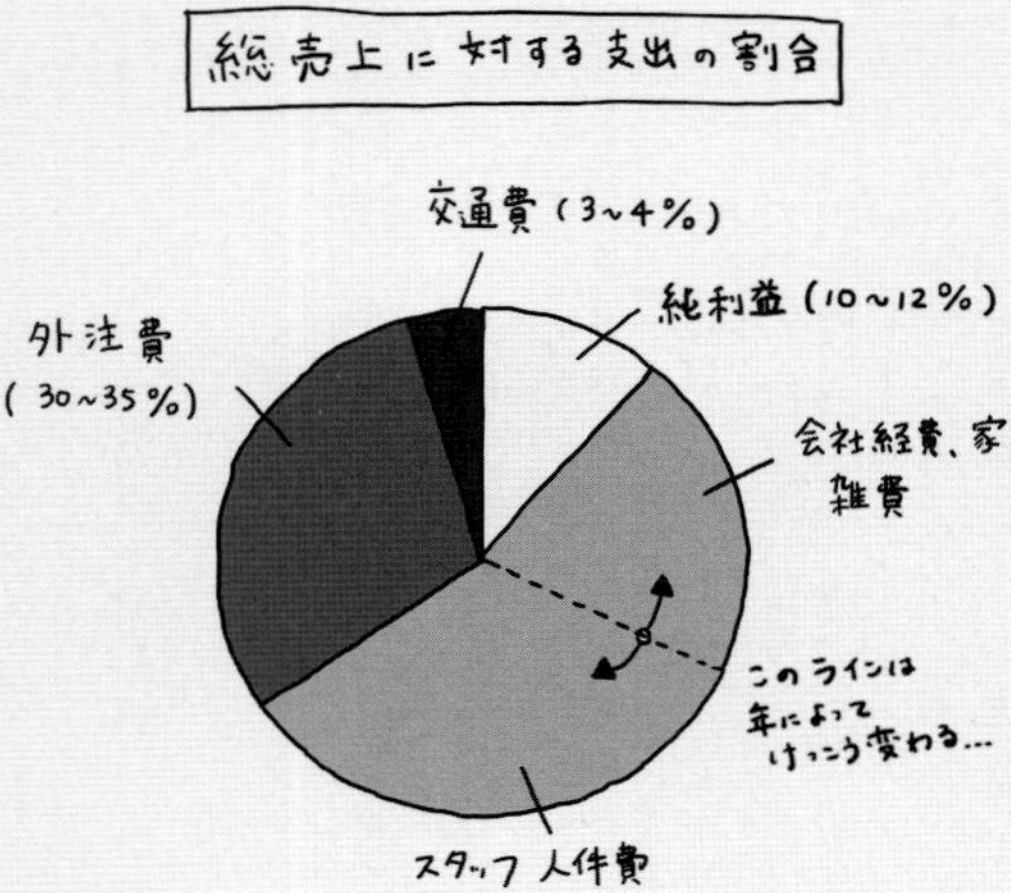

□20万円のお財布

ぼくの財布にはいつも20万円が入っています。といってもそれは実際に入っているわけではなくて、存在しないイメージとしての財布。

木島平の映画イベントをやるために、その場で啖呵を切ってしまった額が20万円でしたが、そもそも設計業者が見返りもなく出資する、ということが役場の担当者としては衝撃で理解不能だったようです（そりゃそうですよね）。

けれどもあとになって気づいたことですが、こ

大企業のシステム	ぼくたちのシステム
大量少品種	少量多品種
安定供給	状況次第
高品質低価格	新しい価値と見合った価格
手離れのよい仕事	継続的に関わる仕事
リスクヘッジ	リスクを共に負う
合意形成	即断即答
広告宣伝（ブランド）	個人的信用と信頼（キャラ）
組織拡大・シェア拡大	適正維持
データ重視	直感重視・予測力
政治的中立	政治的スタンス

のようにお金の向きがいままでと変わることがいまの社会であり、ぼくたちのようなちいさな設計事務所が、規模も経験でもかなわない大企業や組織事務所に対抗するには、彼らができないような、あっと驚く奇襲をかけるしかないのです。

ぼくはじぶんたちの落ち度がある場合はもちろんですが、どうしてもやりたいことや、してあげたい人、実現したい光景に対しては、積極的に出資するようにしています。そのときのコツは、なるべくその場で瞬間的に「ぼくが出します」とはっきり声を上げることです。帰ってから社内で検討します、では大企業と同じになってしまいますよ。そのときにぼくが出せる上限は10万円でも50万円でもなく20万円。理由はじぶんでもよくわからないけれど、木島平で見た子どもたちの笑顔がきっかけです。とにかくそれが財布に入っていて、いつでも取り出せるイメージを持って打ち合わせにのぞんでいます。

こんがらがって
いることを
楽しもう。

1
2
3
4
5

1

HAPPY OUTDOOR THEATER

Q21

じぶん自身の成長を実感するとすれば、それはどんなときですか。

残念ながらほぼないです。

基本行動は中学生ぐらいから変わっていないような気すらします。そんなじぶんがいやになることもあるけれど、ピカソやマティスが生涯をかけて子どもの自由さを取り戻そうとしたことを思い、それでよしとしています。人は知らず知らずのうちにいろいろな荷物を持たされ、それによって動きづらくなっているのですから。地位もお金も背負うものもなかったときのあの感覚、あきらめられる勇気のようなものを心の片隅に持ち続けること。それは思考の自由と空想の翼をあなたにもたらすでしょう。

ただもう少し身体的な、たとえばプールで泳げるようになったときの感覚とか、リコーダーで曲が吹けるようになったときの感覚、つまりいままでつかえていたことがすっとできるようになるという経験は、大人になっても同じようにあります。それは成長というよりももっと唐突で、しかもあくまでじぶんの感覚のようなものなので、他人には伝えづらかったり、あと水泳とちがうのはじぶんすらその変化に気づかなくて、しばらくあとになってある日突然、「あ、なんかスムーズにできてる」と気づくことだったりします。

FARMUS木島平が完成し、開館直後のちいさなトラブルに対処したりしてようやく落ち着いてきたなあと思っていたある日、ある告知が目にとまりました。岡山県のちいさな村で保育園建設のプロポーザルが行われるとのことでした。その村の名前は西粟倉村《にしあわくら》。人口わずか1200人の村ですが、林業やエネルギー産業をはじめさまざまな先進事業に取り組み、移住者も多く注目される自治体です。ぼくの友人もベンチャー企業の中心として移住していて、いつかおとずれてみたいと思っていた場所でした。そんな村でたったひとつの保育園を建て替えるという話を聞いて、いても立ってもいられなくなり、すぐさま現地の友人に電話をし、数日後に村をおとずれる約束をしました。

プロポーザルに負け続けていたころ、交通費を惜しんで現地に足を向けることもなく、Googleストリートビューで敷地のまわりをチェックし、行った気分になって設計を考えることが何度もありました。けれども木島平での経験、設計から完成、その後の運営までを見たことによって、そして役所の人たちと数年にわたって一緒に七転八倒することによって、初めて発注する側の立場や気持ちがわかりました。ぼくたちが知らない土地で仕事をするのであれば、敷地だけでなくそのまわりを歩き、そこで暮らし、商う人たちにたくさん会って話を聞き、そこでしか食べられないものを食べること。そのまちの歴史や産業に触れ、そのまちが本当に探しているもの、まち全体の未来を空想すること。そこまで考えて初めてそのまちにふさわしい建物のあり方に思いがめぐらせられます。むしろひとつの建物のかたちなんて、そのまちの未来に比べれば、じつはたいした話ではないんです。そしてそういったほんとうにたいせつなことは、募集要綱にはまったく書いてありません。

西粟倉村をおとずれ、友人の案内で村のさまざまな場所を回りました。主要産業である林業の組合や加工場に行き、村の特徴や今後の課題を聞き、森の中に入って伐採の様子も目の当たりにしました。趣味で家に音楽ホールをつくってしまったヘンテコなおじさんに会ったり、移住者が経営する宿に泊まってそこでもいろいろな話を聞きました。

1泊2日の滞在を経て、たくさんの生きた情報が集まりました。そしてなによりこの村がもっと好きになりました。この人たちをしあわせにしたい、よろこばせたい、という具体的な相手の顔が見えて、そしてそのためにぼくができることはなんなのか、輪郭がはっきりしてきました。

誰かをしあわせにしたいと考えることは、**じぶんだったらどうされたらしあわせかを想像する**ことです。そしてそのためには相手に感情移入するための手がかりや情報が必要です。そしてそれを編集する力は経験や人への興味によってしか培われません。ぼくがその村の住人だったら、役場の担当者だったら、移住を考えている起業家だったらどう思うか。じぶんの職能や専門性を鼓舞することが重要なのではなく、いかに相手に寄り添っていくか、その姿勢と労力こそが相手をよろこばせます。

一次審査をクリアして、最終審査のヒアリング面接のときは提案内容というより、ぼくがいかにこの村が好きか、ひとつの建物を超えてどんな村の未来を見据えているか、そういったことを審査員たちにまるで愛の告白をするような感じで終始進みました。最後は審査委員長である副村長が半ば呆れ顔で笑いながら「どれくらいやる気あるの？」と聞くので「超あります!!」と答えたら審査員全員がドッと笑いました。

むかしのぼくだったら、じぶんの設計案がいかに優れているか、細かく詰められていて、ミスがないか、ほかの提案に比べてどこが特徴なのか、といったことを気にし過ぎていたと思います。でもほんとうに大切なことは、ほかのどの仕事でもないこの仕事が、いかにじぶんにとって重要で、深く愛情を注ぐつもりであるか、それを相手に全力で伝えることです。建築を信じ過ぎず、建物に限定し過ぎないで、人の未来、まちの未来のためにすべきことはなにか、いつも公正に、愛を持って観察し続けることだと思うのです。

Q22

情報や流通が発達したいま、そのまちならではの魅力というのはどうやって生み出すのですか。

観光とか差別化とか、もっといえば見栄やしがらみとか、そういうことにふりまわされることなくそのまちの近未来の幸福な日常を想像するしかないと思います。

西粟倉村の保育園を設計するとき、村の重鎮は「何十年かに一度のせっかくの機会なのだから、村いちばんの銘木をつかった立派な建物にするべきだ」と言いました。林業の村の、最高の素材と技術を結集した誇り高きパビリオンのような建物。かつての公共建築であればそういう建ち方もあったかもしれません。けれども森の実情はといえば、森の所有者の高齢化によりかつてほど枝打ちの手間もかけられず、結果として昔ほどの大木は生産されにくく、どちらかというと小径の間伐材がメインとなっています。だとすると、将来この村で林業を継いでみたいという子どもたちにとって、過去の栄光のような耽美《たんび》な建物を建てるよりも、むしろ未来の林業のスタンダード、これからの木造建物の進むべき道のようなものを示したほうが、よほど彼らの希望になるのではと思いました。

最近注目される集成材やＣＬＴといった「ハイテク木材」も、加工場から近い流通のよい場所であれば有効ですが、西粟倉は林業の生産の場であり、わざわざそれを遠くの工場に運び特殊な加工をして、またそれを村に戻す、というのはとても効率が悪い。なので、細くて短い木材を上手に組み合わせながら、村の大工さんでも組み立てることのできるかんたんな加工、工法であることが重要と考えました。そんなことを考えながら、村内の木材加工場を案内してもらって歩き回っていたら、ふと目にとまるものがありました。

丸太から決められた寸法の角材を製材する過程で余った切れ端が束ねられて工場の隅に捨てられていました。当然ながら幅も厚みもばらばらです。ぼくらが普段ホームセンターなどで見ているツルピカの木材ではなく、反ったり曲がったりして、節や木の皮も残っていたり、プレーナーもかけていないのでノコギリの目でざらざらでした。ところがそれがぼくの目にはとてもワイルドでかっこよく見えたのです。

「あの……これって捨てちゃうんですか？」。恐る恐る聞くと、「こんなもん、つかいみちないよ〜」と工場のおじさん。

「もしこれをつかいたいと言ったらすごおく安く譲ってくれますか？」

「こんなんでよければいくらでもいいよ」

よくよく見渡すと、加工場のごみ置場は宝の山でした。フローリングの端部を切り落とした端材、切り株、そしてプール1杯分くらいの木屑……そのどれもがぼくにとっては、工事現場でもホームセンターでも見たことのない、かっこいい建材に見えました。これはまさに生産の場だからこその、最高の贅沢なのです。

「にしあわくらほいくえん」にはふつうの木造建築にはつかわれることのない、製造過程で弾かれてしまう傷物野菜のような木材が随所につかわれています。**いままで捨てられていたものにあたらしい価値を見出して、有効なつかい方を例示してあげること。**これこそが未来の西粟倉村のために、いつの日か林業を志す子どもたちのために設計者ができることだと思いました。

「そのまちならではの魅力」とは、そのまちがこれから数十年にわたって進むべき未来像に向かって、一人ひとりの生き方、働き方、まちのあらゆる要素がゆるやかにおおらかに協調していると自然に立ち現れると思っています。

Q23

人に仕事を頼んだり、共同作業をしたりすることが苦手です。

太古のむかしから個人作業が得意な人と、共同作業が得意な人がいました。ひとりで山にこもり、いく晩も待ち続けて一矢でシカを射止める孤独なハンターもいれば、みんなで力を合わせて大きなマンモスを仕留めるグループもいました。大事なことはじぶんの特性を見極めて、無理のない生き方を主体的に選ぶことです。

ただ、情報が発達し、遠く離れた場所のできごとも瞬時に知れ渡るようになったいま、個人の技能才能やアイデアを売りにできる領域は急激に狭まってきています。建築の世界でいうと、仕事にありつけるのもごくわずかな人に集中するようになってきています。だからこそ、テイストや作風で勝負するような建築家やデザイナーは、今後厳しい戦いを強いられると思います。仕事を得るために雑誌やウェブに載り、メディア化されることで消費され、あらたなライバルを生み出しているのですから。

大きな時代の流れとして、これからは個人の作家性から生み出された造形よりも、地域

性や物語性が重きを置かれる時代になります。もしあなたがデザイナーになりたいと思っているのであれば、すべてをじぶんの手の内でコントロールするのではなく、**その場所でしか描けないストーリーと、その場所でしか集められないキャスティング**によってしか成り立たない、構えの大きな作品をつくる映画監督やプロデューサーのような感覚をあわせ持つとよいと思います。

「にしあわくらほいくえん」の場合は、大学の後輩で県内でデザイン事務所を営む和田優輝くんにまずチームに入ってもらいました。地域の気候風土や子育て環境、ライフスタイルなど、同じ設計者の立場として一緒に考えたかったからです。そしてそのうえで、建物のサイングラフィックは彼と村内の木工デザイン会社「ようび」に一任しました。ぼくがアイデアを出したりコントロールしたりするのではなく、彼らがよいと思うもの、村らしいものを一から考えてもらいました。

園舎の家具や園庭の遊具は同じく村内の「木薫《もっくん》」という会社にデザインからお願いをしました。彼らは全国の幼稚園保育園に木製家具をおさめている実績があって、ぼくたちよりもよっぽど知識や技術を持っています。家具業者としてではなく、設計段階からどちらかというと彼らに「教えを請う」ような感じで進んでいきました。メーカーという立場を超えて、対等あるいは逆転すらしている関係です。

いままでは「なにを」デザインするかのみが問われていましたが、これからは「誰が、なぜ、どういう背景でデザインしたか」も物語の重要な一節になります。だからぼくたちは勇気と敬意を持って必然性のある人に仕事をなるべくたくさん「外注」します。

こういったことをその都度繰り返していくと、ちいさな村の場合は、(たとえば「ようび」や「木薫」で働いている人の家族などから始まって)保育園の計画がとたんに身近になり、やがてその輪がどんどん広がっていきます。建物の完成間近くらいになると、1200人の村では誰かしら知り合いがかかわっている、くらいにはなるでしょう。そうなれば村人にもどんどん積極的に「働いて」もらいます。園の中庭の芝生は村の親子や保母さんたちが汗をかきながら一生懸命植え、庭の樹木には、樹名プレートを一つひとつていねいに結んでいきました。

そして建物完成時の竣工行事は「にしあわくら森のこみち市」と名づけ、まじめな式典や建築の見学はさておき、村のいろんな人が思い思いに出店する懐かしくてあたらしい、縁日のようなイベントを企画しました。村の子どもはみんなの子ども。大人みんなで育てる。だから保育園も村人全員の場所。そんなメッセージがきっと伝わったと思います。

CASE 7

一次産業を編集する

——「にしあわくらほいくえん」の場合

所在地	
岡山県西粟倉村	
構造・規模	
木造・1階建て	
延床面積	建設費
777㎡	2.9億円
特記事項	
村産材のみ使用すること	

□**100年先の未来**への想像力

西粟倉村は2008年に「百年の森林《もり》構想」を発表しました。これは50年前に山に苗木を植えてくれた先代たちの思いに感謝し、ていねいに山々を管理し、50年後の未来へバトンをつないでいこう、という村全体の姿勢です。

まちづくりもそれくらいの時間をできるかぎりリアリティを持って想像するべきだと思います。じぶんの親が子どもだったころ、あるいはじぶんの子どもがいまのじぶんくらいの年になったときの社会のことを、です。

戦後の都市化はそういった積み上げげをわざと見えなくすることで、誰もが公平にエントリーできるようにしました。人やお金が限りなく流れてくる場所はそれで仕方ないのだけれど、環境資源が豊かな地方都市こそ、先代が残してくれた（のにいま気づいていない）ことを目をこらして掘り起こし、そして未来この場所で暮らす人たちのために、宝箱とその地図をひとつでも多くつくってあげてください。

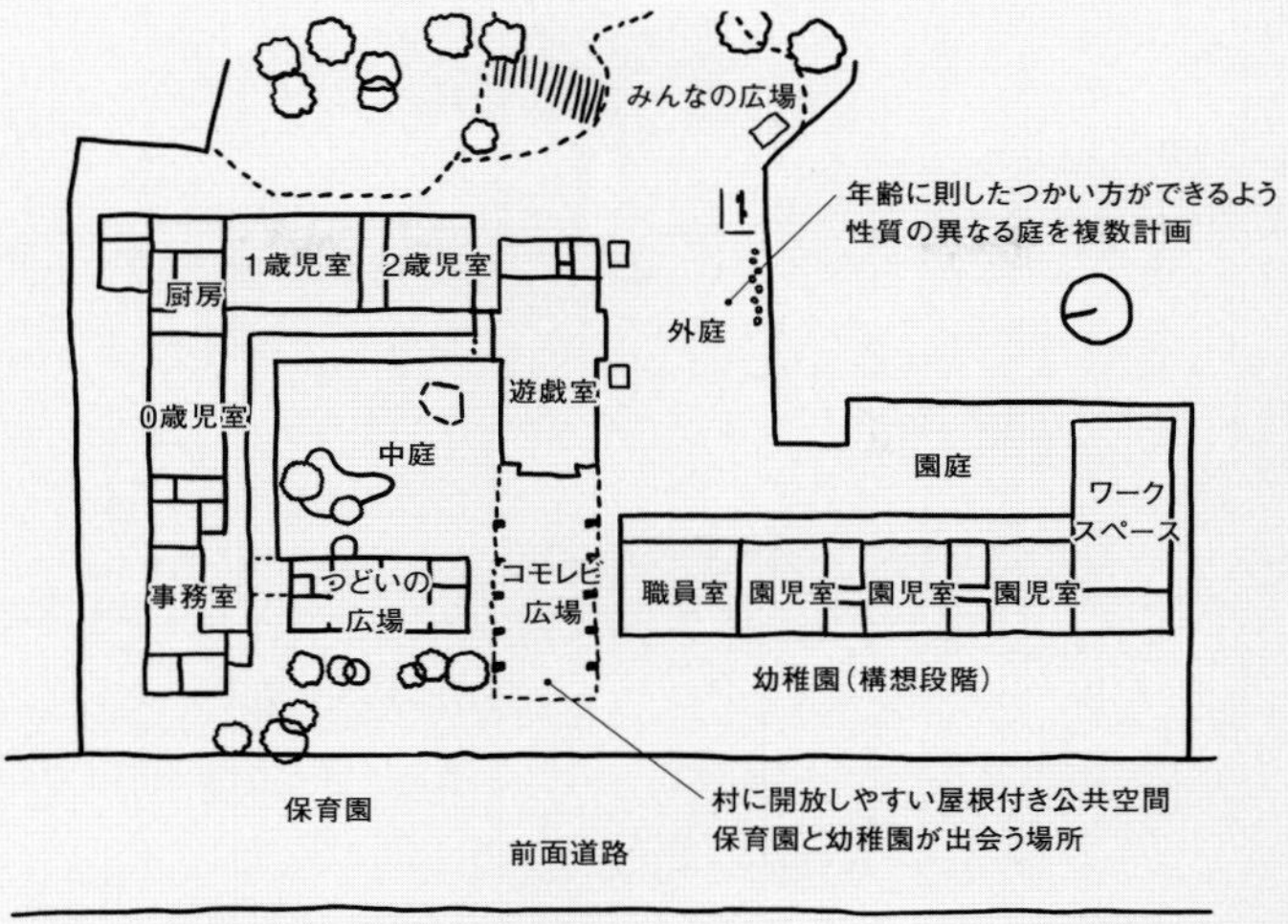

□売り上げの3%を森に返す

ぼくたちは今回、園舎のために「百年の森林《もり》タイル」というオリジナルタイルを制作しました。これは村に原生するクロモジの葉っぱをモチーフにしていて、型の細かいディテールから釉薬の色の発色まで、多治見のタイルメイドという会社と一緒にこだわってつくりました。これが園舎の壁面に貼られているのですが、特注品として限定するのではなく、むしろこれを見て気に入ってくれた村内外の人たちが、気軽に購入できたらよいと思いました。そこでこのプロジェクトだけで終わらせることなく継続販売することになり、その売り上げの3%が西粟倉の森林保護のために寄付されるルールも考えました。

　そういった「仕組み」をデザインすること。あたらしいお金の流れを発明することも仕事のひとつです。

仕事に物語を
埋め込もう。

Q24 学校に通うのがつらくて、かといって家にもいづらいです。

まず第一に伝えたいのは、あなたは意思を持った世界でたったひとりの人間です。じぶんが損なわれると感じるあらゆる環境に対して、足を向ける必要はありません。誰がなんと言おうと最後は全力疾走でそこから離れていいんです。そんなときのために普段からひとつの領域に依存することなく、できるだけ複数のグループ、つまり学校と家以外にも、塾でも習い事でも趣味でもなんでもいいから、**じぶんらしく自然でいられる世界**を持っておきましょう。必要以上に仲よくしたり強い関係でなくてもいいし、なにも必要がなければ距離が遠のいたり仲たがいしても構いません。たいせつなことは無理をしないこと。そのうえでまちや社会は、そういった人たちをいつもどこかの器で必ず受け入れてほしい。どんなに目立たなくてちいさな器であったとしても。

大学受験に失敗し予備校通いをしていた19歳のぼくにとって、図書館がまさにそんな場所でした。未来に対する漠然とした不安を感じながら、毎日大教室に座って一日中授業を受ける日々。友だちもいないし、休み時間にやることもない。かといって家に帰っても肩身がせまくて息が詰まりそうでした。

そんなときに、予備校と家の中間にある図書館はぼくにとって大切な居場所でした。読書好きとはとても言えなかったので、学校の図書室なんてほとんど入ったことがありませんでした。けれども息苦しい毎日のなかで、公園の中に粛として立つその公立図書館は生活のなかで唯一ほっとする場所でした。

まちの図書館にはいろいろな人がいます。眼鏡をずらして新聞を読みふけるおじいちゃん、たくさんの資料をかかえてコピー機にならぶまじめそうなおばさん、食堂で騒ぐ大学生グループや、絵本を借りにくるパパママと子どもたち。外国人や障がいを持った方たちもいます。そういった人をなんとなく眺めながら、ぼくのこれからの人生はいったいどうなるんだろう、などと考えたりもしました。昼間の予備校とちがい、ひとつの場所にいろんな人がいる、多様であるということだけで、じぶんがとても落ち着いていることに気づきました。うたたねしようが、勉強と関係のない本を読んでいようが、誰もとがめません。好きな時間に来て好きな時間に帰っていい。利用料金を気にする必要もない。**「そこにいてもいい」という単純で大雑把な寛容さこそが公共空間なのです。**

そして、図書館の行き帰りに通り抜ける公園もまた同じような場所でした。凝った遊具やカフェがあるわけではありません。それでもボールを蹴る少年、おしゃべりするママ、お弁当を食べるサラリーマン、ダンスの練習をする大学生やベンチで肩を寄せ合うカップル……季節の移ろいに応じて刻々と変わりながら、いつも誰もが互いを気にせずじぶんらしく立ち振る舞える場所が公園です。

もちろん時代も変わって図書館の役割も変わってきています。けれどもぼくにとっての理想の図書館は、あのとき宙ぶらりんのじぶんを受け入れてくれた場所というイメージのまま変わっていません。いかなる人に対しても「あなたの席」をさりげなく用意してくれる場所。どうしても学校に行きたくない日のために、お気に入りの図書館と公園をひとつずつ用意しておくといいですよ。

Q25

なにかを手に入れたりつくり出したりしたい、という欲求が人より少ない気がします。デザインの仕事はできますか。

これはイエスでもありノーでもあります。たいせつなことは「いまはまだないより豊かな社会」を信じ、そのためにこの世界をほんのわずかでも前進させたい、改良を加えたい、いまよりも生きやすい社会にしてつぎの世代に引き継ぎたい、という感情だと思います。だからつくり出すだけでなく、ときになにかを減らしたり取り除いたりしながら、シンプルにしていく意識や知恵も必要です。東日本大震災のあとに日本中で節電が必要になり、駅や役場などさまざまな場所でも天井の蛍光灯や電球が取りはずされました。ところがこの「はずし方」にもやはり知識や経験が必要で、ただ単に減らしただけでは暗く危険だったり、雰囲気が悪くなったりするのです。照明デザイナーが取りはずし方をアドバイスしている場所がありましたが、さすがのひとことで、むしろもとよりよっぽど機能的で落ち着く空間となっていました。どこをどう減らすか、**社会の削り方のデザイン**というのはいまの教育では苦手な分野ですが、これからの社会ではむしろそっちのほうが価値が高くなるような気がします。

昭和30、40年代の高度成長期につくられた交通インフラや公共施設の多くは、いま全国で一斉に寿命を迎えようとしています。道路のように少しずつメンテナンスを続けながら使い続けるものもあれば、古くなった建物など一度壊してあらたにつくり直すものもあります。ぼくたちは一つひとつの公共資材に対して、いままさにそういった決断を迫られる時代にいます。

東京の西に位置する西多摩郡瑞穂町に、ちいさな図書館があります。駅からは少し離れていて、周囲は緑豊かな中学校やホール、屋外プールといった文化施設に囲まれた、むかしながらの落ち着いた雰囲気の図書館です。建物はぼくと同じ昭和49年生まれで、これまでも増改築を繰り返していましたが、雨漏りもひどくなってきたので、建て替えや駅前への引っ越しなど、いろいろな案が出ました。ところが最終的に町は、その施設を改修して再生するという方針に舵を切り、プロポーザルで設計者を選ぶことにしました。ぼくはその決断をとてもいいと思いました。

たとえ、いつも満席の話題の図書館でなかったとしても、そこに通い続けた地域の人たちは長い時間のなかでたくさんいて、古めかしいたたずまいや本の匂い、窓から見える中学校のグラウンドやプールではしゃぐ子どもたちの声は、彼らの本の記憶と切り離されることなく刻まれているはずです。いや、どちらかというと、この場所にいろんな人たちの、さらにはまちの貴重資料ともいえる無数の記憶が「収蔵」されているのかもしれません。利便性や効率という理由で図書館を根こそぎ便利な場所に移してしまうのは理屈としてはありえるけれど、そうやって編集されていくとまちはきっと奥行きのない退屈な場所になってしまうと思いました。「このままでいい」「このままがいい」という直感を持つことも、これからのものづくりにはとてもたいせつなことだと思います。「つくりたがり」ばかりがデザインではありません。

そしてプロポーザルを経て設計者にみとめられ、設計が始まったあともいろいろなことが起こりました。半世紀のあいだにさまざまな増改築を繰り返し、その間に建築基準法も変わっていき、現行の基準に合わない部分もたくさんありました。触ったとたんに破れてしまいそうな当時の青焼図面を倉庫から発掘し、建築指導課へ何度も通い、あらゆる可能性について協議を続けた結果、今回改修するにあたっては、現在3階建ての建物をまず2階建てに「減築」してからでないと工事の許可が下りないという結論に至りました。途中まで進んでいた設計も大幅な方向転換を余儀なくされ、町の図書館担当者もぼくの事務所のスタッフもそれに大変ショックを受けていました。お金をかけてわざわざ建物を小さく

するなら、いっそ建て替えるほうがよかったのではと思ったからです。

けれどもぼくは内心、むしろ公共施設が「減築」を求められるということ自体が、これからの時代を象徴しているような、大きなチャンスのような気がしました。実際に、建物が2階建てになれば移動が楽になるし、建物や書架の荷重が減ることによって構造的にも安定することがわかりました。そこで事務所の担当スタッフを「ピンチをチャンスに変えるよう思い切った方向転換をしよう」とはげましながら頭をフル回転させました。

当初の改修案では、建物の外形はあまり変えずに部分的に増築する予定でした。けれども減築される部分が出てきたために、それを補填するために建物から高低差のあるとなりの中学校やホールへとつながるブリッジを増築し、そのブリッジ自体が見晴らしのよい図書室になっていて、しかもそれができることによって、今後ホールや中学校から図書館にアプローチしやすくなる、という提案をしました。予算も限られるためそのブリッジ部屋は木造でつくることになりましたが、既存のコンクリートの部屋とは雰囲気のちがう空間があたらしくできることも、むしろいいと思いました。

建物を低く削りながら平面的に広げて、となり近所と手をつなぎ人の流れをつくる。これは未来の公共施設の新しいモデルになると思いました。公開空地をとる代わりに建物を高層化してきたいままでの流れとは真逆の発想です。斬新なインテリアや目を見張るような変化はなくても、そういったことをきちんと整理、編集したり、ときに問題提起していくことがこれからの建築家に求められているような気がしています。

ということで話を戻すと、これからの社会はあたらしいもの好きの、つくりたがりばかりが必要とされているわけではないから大丈夫。

Q26

都会でも田舎でもない郊外に住んでいますが、じぶんのまちが好きになれません。

ロードサイドにチェーン店が立ち並び、その向こうにスタンプを押したように同じかたちの戸建て住宅が立ち並ぶ郊外の風景はぼくも苦手。もともとあったちいさなまちや商店街が、幹線道路沿いに大型スーパーができたことによってあっという間に衰退してしまった例もたくさん見てきたので、心の中では恨めしく思っています。でもそれは誰かが悪いわけではなくて、ぼくたちが長いあいだそういう生活を選択してきたからです。どこにいても好きなものを少しでも安く手に入れたい。そういった一人ひとりの願望がいまのまちをつくりあげています。だからもしあなたがじぶんのまちを好きになれないとしたら、それは**まちに対するあなたの希望や役割がいままでとは変わってきている**からだと思います。人間の感覚に比べると、まちは急には変われないから、そのギャップこそが、「じぶんのまちへの失望」につながります。

でも、そんな郊外にもいま変化が起こり始めています。2000年あたりまでたくさん建てられた大型スーパーや量販店が、ネットショップなどに取って代わられて続々と撤退しているのです。かつて小売店を駆逐した大型店が、今度は退場させられる立場になりました。

ぼくが勝手に「大箱（ビッグボックス）問題」と呼んでいる動きは、デパートや学校、パチンコ屋やゲームセンター、工場倉庫から大手進学塾まで（つまり建築的にかなり大きなヴォリュームのもの）が、ごっそり空き家となって、けれども大きいことがネックとなりなかなかつぎの借り手、つかい手が現れないという傾向のことで、ここ数年特に郊外エリアでぐんぐん広まっていています。

静岡県牧之原市はお茶の生産量で全国1、2を争う豊かな台地で、美しいビーチはサーファーたちの人気スポットとしても知られています。そんなまちの一角に、スーパーやドラッグストア、レンタルDVDショップなどが立ち並ぶ郊外型ショッピングセンターがありました。そしてその中でひときわ大きな建物のホームセンターがあったのですが、撤退が決まり、空き箱となってしまうことになりました。平屋建てで700坪もあるその建物は、ホームセンターのときは棚と売り物で埋め尽くされていたのでよくわからなかったのですが、いざがらんどうになるとびっくりするくらい広く、かといって体育館やホールほど天井も高くないので、まったく見たことのないような空間でした。そんな広大なフロアを借りる体力がある会社はなかなかいません。じゃあどうすればいいのでしょう。

これからはまず小分けにしてみんなで少しずつ借りることを考えてみませんか。かつて大型量販店によって駆逐されてしまったちいさなまちを、今度は大空間の中につくってしまえばいいのです。公共も民間もごちゃごちゃで、お店も休憩スペースも、広場も、みんなで使えるキッチンだってあったら楽しそう。むかしのまちってむしろそんな感じだったのかも。ショッピングセンターのようにチェーン店だけが集まるのではなく、顔の見える個人商店や図書館や公園、つまり本来あるべきまちの要素ぜんぶがつまっているようなイメージです。

現実のまちは、じつは無数の線によって細かく分割され、管理する人がちがいます。その境界線は見えているものもあれば見えないものもあります。家と家のあいだの塀もあれば、道路とお店の境界もあります。公共施設と民間施設も明確に分かれています。そしてそれぞれのつかい方のルールや責任の所在がこまかく決められています。けれどもそれは管理する側の都合であって、まちをつかう人、楽しむ人にとってはほとんど関係のないことで、むしろそんな境界線はないほうが楽しいに決まってます。ヨーロッパのせまい街路ではテーブルや椅子がならべられ、思い思いに食事とおしゃべりを楽しんでいるし、ラーメン大好き小池さんの部屋はオバQやパーマンが勝手に横断するのです。大きな空き箱に公共も民間もまぜこぜスクランブルエッグのように入ることができれば、しがらみにとらわれない、使い手のためのまちがつくれるのではないかと思っていました。

楽しい空想はいつか実現するもの。牧之原の大箱には、フロアの3分の1は新しい公共図書館がテナントとして入ることになりました（いまある図書館は、役場の一角に申し訳程度にあるだけで、とても満足のいくものではなかったからです）。そしてフロアの中央には大きな広場があり、そのまわりをさまざまなお店がぐるりと取り囲むことになりました。

公共施設の中に民間の商業施設が入ることはよくあります。また最近では、あたらしい駅ビルの一角に、図書館や子育て支援センターが入居する事例も見かけるようになりました。けれども、古い大箱を改修して、公共の図書館が入り、それが民間のちいさなお店たちと共存する、というのはおそらく前代未聞です。

設計者としてのぼくたちの目標は、特にこのまちで育つ子どもたちにとって、まち以上のまちにすること。車の心配のない広場やベンチがあって、誰もが気ままに過ごし、買い物も楽しめる場所。それだけだったら郊外の大型ショッピングモールでもできそうな感じですが、お店はそのまちならではの、店主の顔もしっかり見える地域のもの。そしてここには公共の図書館や広場もあって、しかもその境目があいまいで、見方によってはぜんぶが図書館や公園のように見えてしまう場所。図書館から本棚が飛び出して、広場やお店の

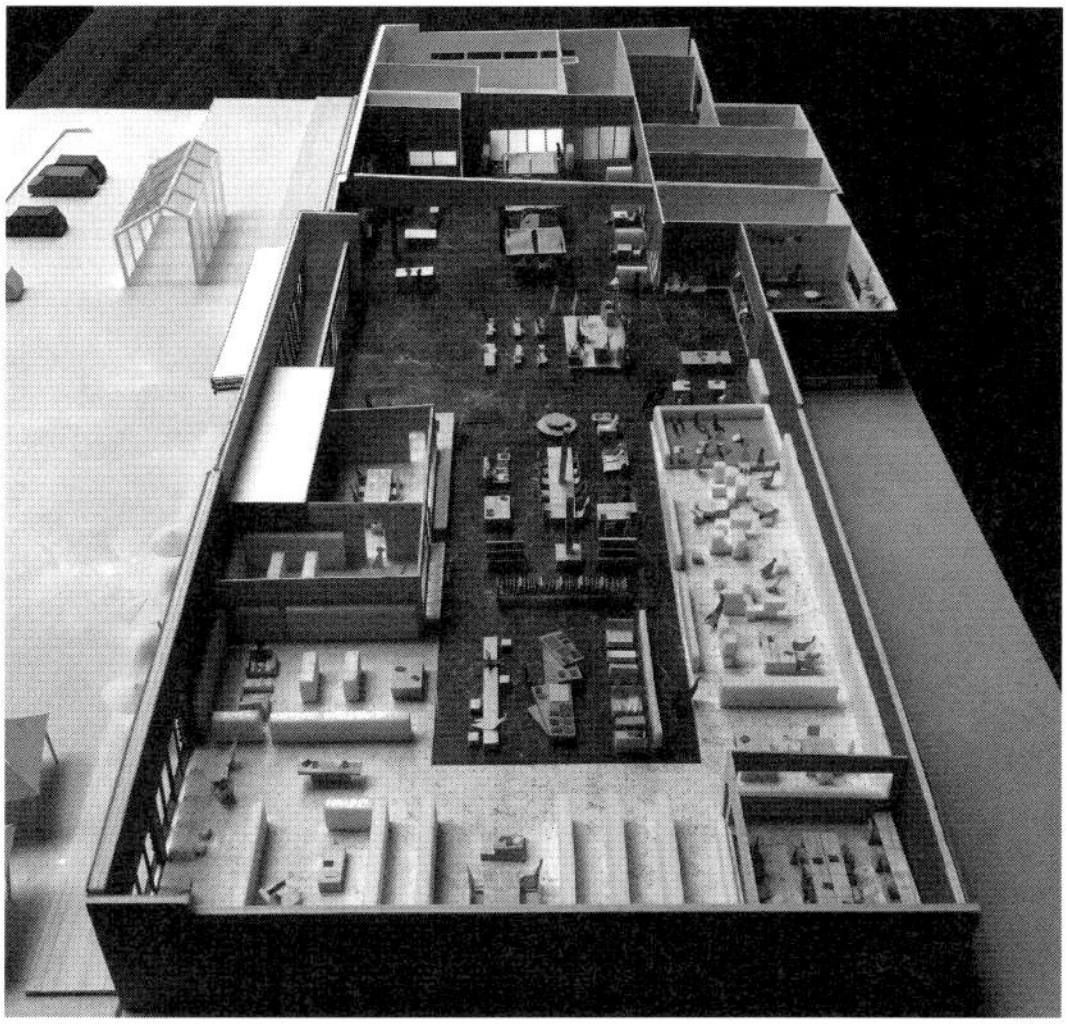

中まで侵食して、お花屋さんの前の本棚には植物の本がならんでいて、まん中の広場ではミュージシャンが演奏していて、そのわきの棚には彼が大好きなレコードや楽譜がならんでいる。そんな空間を夢見ながらホームセンターにあたらしいまちを建てています。

CASE 8

未来のハコモノのプロトタイプ

――「瑞穂町図書館」「牧之原市立図書館交流館（仮称）」の場合

□減築（−300㎡）＋増築（400㎡）＝100㎡

人口が減り生活様式が変われば、建物を「減築」するという考え方は、維持コスト削減の効果もあるので今後増えていくでしょう。これからは計算結果の数字だけでなく、その数式、つまり過程がより重要になっていきます。設計者はつかい方だけでなく、法律、構造、設備など全体を見渡しながら最適な引き方、削り方を調整していく能力が求められていきます。瑞穂町図書館の場合は、結果的には100㎡足らずの増築ですが、その意味や構成は大きな進歩を遂げています。

牧之原市立図書交流館（仮称）

所在地	
静岡県牧之原市	
構造・規模	
鉄骨造・1階建て（築32年）	
延床面積	建設費
2,378㎡	未定
特記事項	
用途変更業務あり	

瑞穂町図書館

所在地	
東京都瑞穂町	
構造・規模	
RC造、一部鉄骨造・木造（築46年）	
延床面積	建設費
1,312㎡	未定
特記事項	
法適合のため一部減築あり	

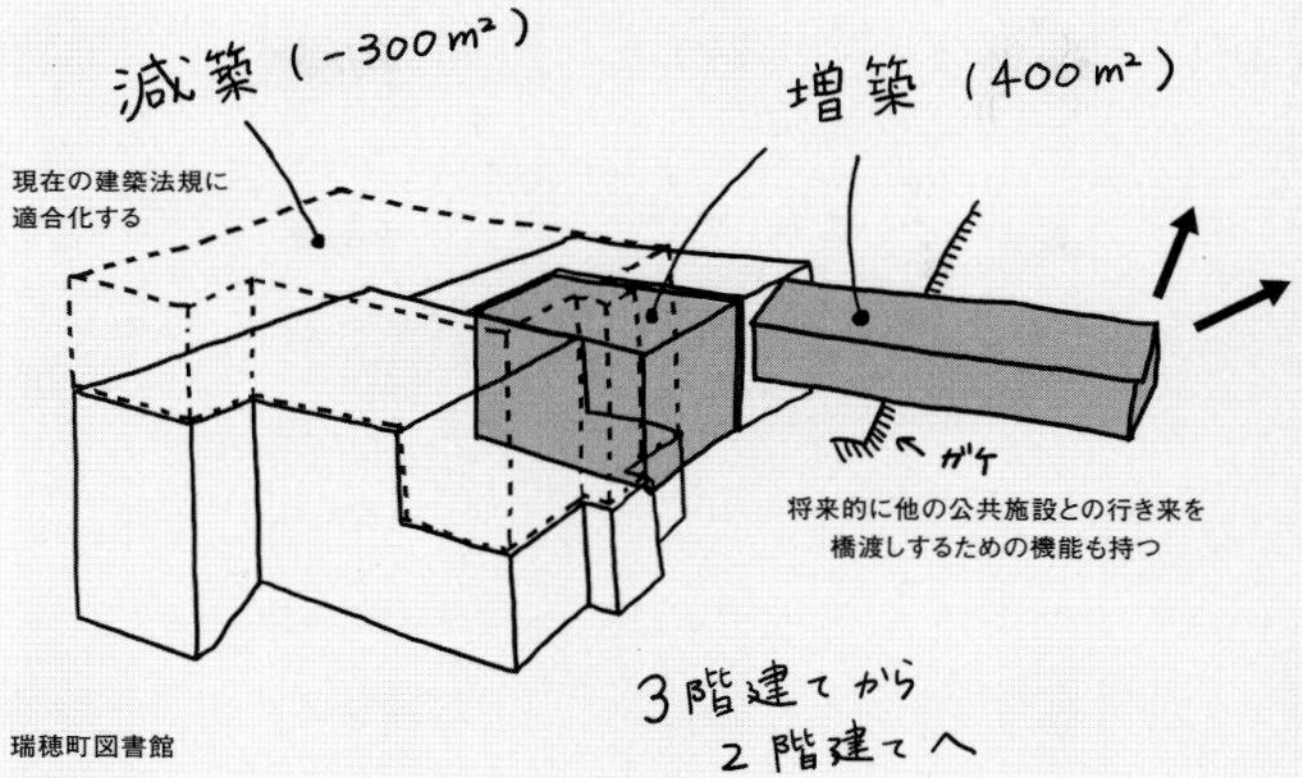

瑞穂町図書館

より大きな視点で見れば、これから土地が余っていく時代に、建物の上層階を削り、その代わりにグラウンドレベルを公共空間と一体となるよう増築していく、という流れになる気がします。アイスクリームが溶けて裾野にだらっと広がっていくようなイメージです。

□図書館（800㎡）＋店舗（700㎡）＋共有部（800㎡）＝2300㎡

牧之原市立図書交流館（仮称）は大空間の中で、ゆったりとしたオープンスペースやそこに連なるちいさな店舗群と共存しています。現実的には管理運営や建築基準法上の区画など、複雑なルールが幾重にも絡み合うため、空間的にほんとうにシャッフルするのは事実上不可能です。

けれどもそこであきらめずに、床や壁の仕上げ、サイングラフィック、家具什器のデザインなど、さまざまな工夫を施すことで、あたかも混ぜこぜ

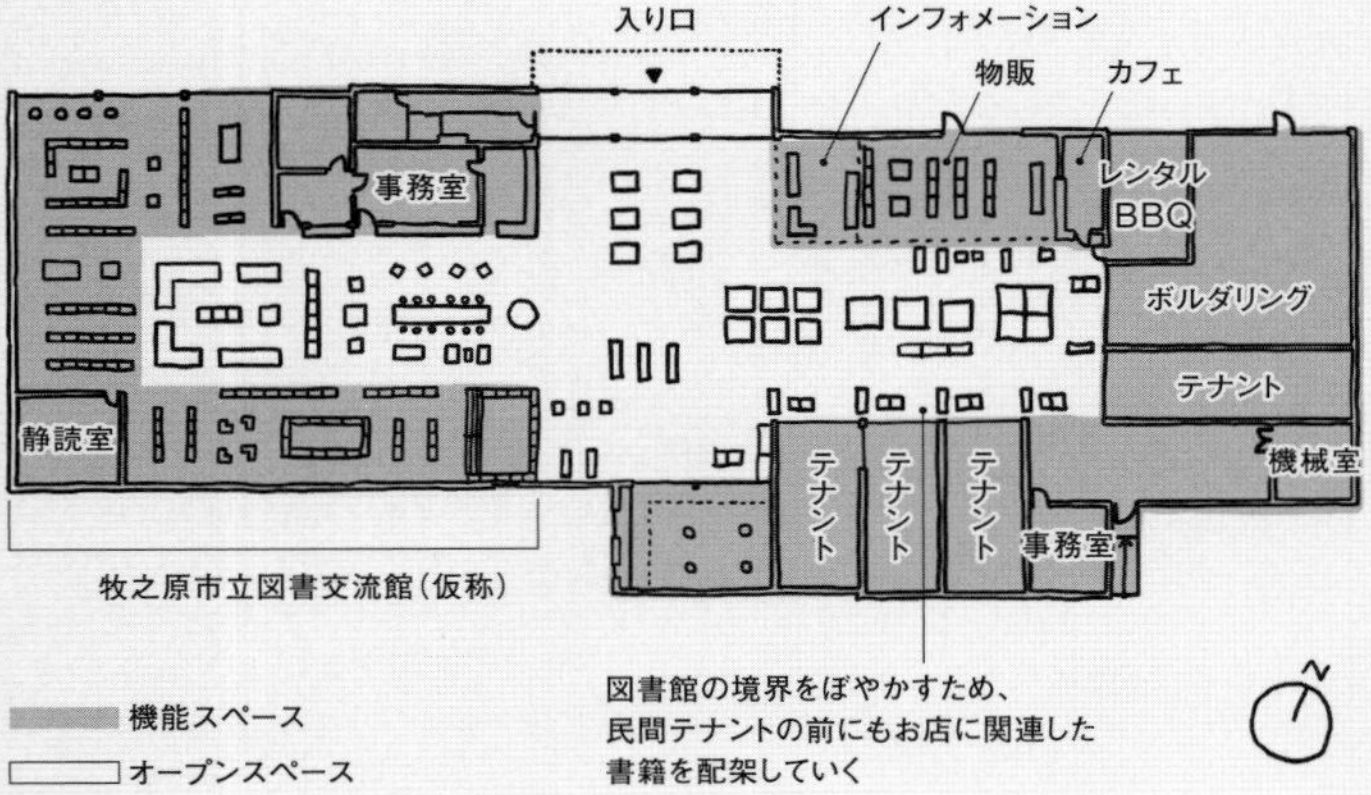

な空間として体験できるよう計画しています。たとえばそれぞれのお店の前にはキャスター付きの本棚が図書館から出張し、そのお店に即した本がならべられます。「カフェのような図書館、本屋さん」は増えつつありますが、ぼくたちは「全体が図書館のような商店街、まち」をつくりたいと考えています。

□図書館1回利用コスト500円以下

「ハコモノ」と呼ばれる公共事業は「税金の無駄遣い」と言われ、反対されることは少なくありません。どのまちでも建設反対という動きはあります。たいせつなことは縮退している自治体こそ、市民の暮らしの質を上げるための公共投資は積極的に行うべきであるということです。公共空間でいうと図書館と公園。このふたつに関しては市民の居場所、日常生活に直結するため、積極的に整備し、あたらしい市民生活にフィットさせるべき

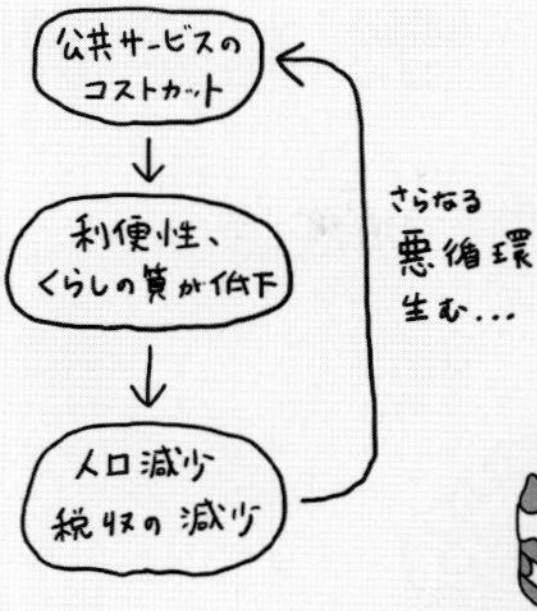

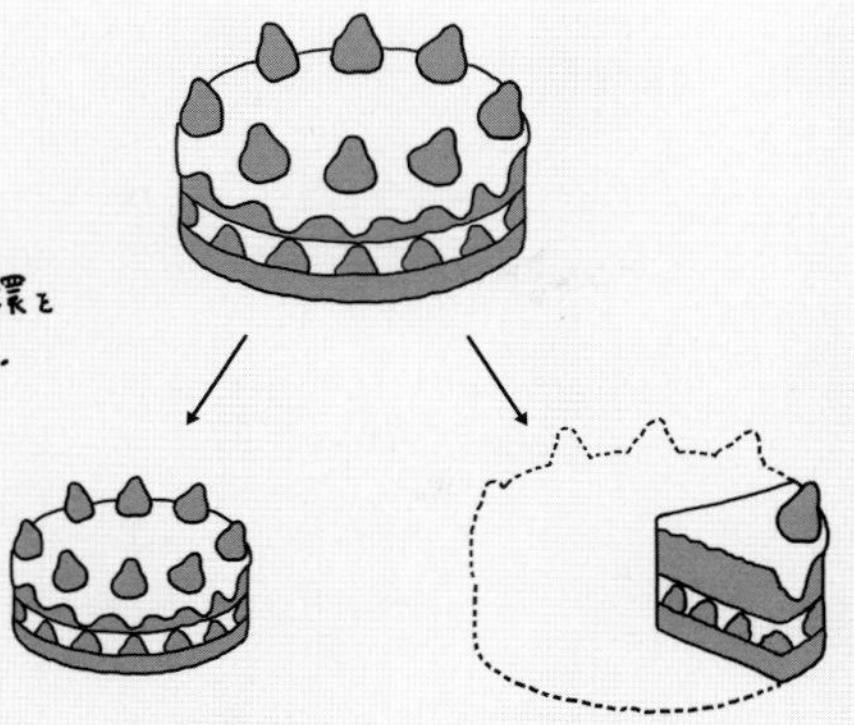

「コストカット」
事業費を削減することによって
支出を減らす

「ケーキカット」
利用率を増やすことによって
市民ひとりあたりの負担を減らす

だと思います。

そこで、投資コストを下げる（コストカット）のではなく、利用率を上げることで利用１回あたりにかかる費用を下げるという発想で計画を進めるのがよいでしょう。ぼくはそれを勝手に「ケーキカット」と呼んでいます。

あくまで目安ですが、図書館の場合、ぼくは利用者ひとり１回あたりの財政コスト（運営費用／利用者数）を５００円以下にすることを、まず頭の片隅に置くようにしています。

正しいことより
楽しいことを
考えよう。

Q27

これからなくなる職業は なんだと思いますか。

有り体なことを言えば、単純作業は人間がやる必要はなくなっていくでしょう。でもそれだけでなく、ぼくたちがいまあたりまえだと思っている職業名とその職域みたいなものがどんどん分かれたり、くっついたりして変わっていくと思います。すでにAppleが映画を配信したり、トヨタ自動車がまちをつくったりしていますが、そういったことがちいさな会社や個人事業主でもどんどん起こってくるはずです。

ということは、ぼくたちがいま同業者と思っているあの人も、数年後にはちがう職業名で仕事をしているかもしれないし、専門性もバックグラウンドも異なる人と、ある日気がつくと同業者になっているかもしれない。だからこそ、じぶんのほんとうに好きなことやたいせつにしていること、つまりじぶんが立っている場所を変えずに、それを囲む枠組みだけを時代に合わせて変えていくような、ずらしていくようなイメージがよいと思います。フレームが変わるだけで見える世界も出会う人や情報も変わっていくのですから。

ぼくはいまだにじぶんの職業を「建築家」と言うのがなんだか気恥ずかしくて、居心地悪くそわそわしてしまいます。けれど同時に、同業の多くの「建築家」の人たちに対して、長いあいだ劣等感や焦り、羨ましさなどを感じていました。どうしてあの人はあんなに活躍しているんだろう、どうしてじぶんはそれができないんだろう、そしてそういった感情を抱くじぶん自身に疲れていました。ところが40歳を超えるあたりから、そういったことがほとんど気にならなくなりました。じぶんはまわりの建築家に比べればデザインは不器用だし、得意ではない、ということをそろそろ認めざるをえない年齢に差し掛かったからです。と同時に、そういった人たちよりも得意な分野、じぶんができることが、建築デザインの少し外側に見つかり始めました（じぶんのことというのはいちばんわかりづらいですよね）。つまり、じぶんより優れている、前を進んでいる、と感じる建築家たちを「同業者」と思わなくなったとたんに、世界がとても自由なものに感じられ、素直にじぶんらしく、慣習にとらわれずに動けるようになりました。

もう少し具体的にいうと、ぼくの場合は建物を建てるということにこだわりを捨てたとたんに楽になりました。そしてそうすることでめぐり合う、たくさんの素晴らしい仕事があることもわかりました。

これから20年くらいの間に、**いまある職業は実質的な意味において、ほぼすべてがなく**

なるかもしれません。正しくいうと変質していくと思います。人口が減り市場が縮小していくなかで、同業者どうしは共食い（カニバリゼーション）をしながらすり減っています。そこで必死につま先立ちになってまで生き延びようとするよりは、近い将来「同業者」となる異分野の仲間たちと早く出会い、互いの知恵や経験を共有し、あたらしい領域を一緒に開拓していくほうが、きっと楽しくわくわくする風景を見られると思います。

仕事はえらぶのではなく、つくりあげていく時代になったのです。

Q28

どうしてちいさなまちや村の仕事ばかりするのですか。

ぼくたちの事務所は仕事の傾向として、きらびやかな都内の仕事はほとんどなく、過疎の進むちいさな地方都市、目安でいうと人口1万人以下くらいの、おもに一次産業のまちや村、島などの仕事がメインです。新築も改修も、設計の仕事ですらないものもあります。公共も民間も分け隔てなく、これからもそういった分野を中心にやっていきたいと思っています。もし建物を設計する場合、大きくても2000㎡くらいまでかな、と思っています。それ以上のものとなると、きっともっと得意な設計者がほかにいるだろうし、なによりそれだけに事務所総出で数年かかってしまうことのほうがリスクになるからです。ぼく自身はじぶんの事務所を大きくしたいという願望はまったくありません。顔の見える5、6人のスタッフが楽しく取り組めるだけの仕事があればそれで十分です。

ではどうして交通費も移動時間もいとわず、田舎町の仕事ばかりするのか。それはそこに未来があると感じているから。高齢化や空き家、都市経営の悪化などはすべて地方のちいさなまちから始まり、それが徐々に都心部へ押し寄せてきます。最も深刻なさまざまな脅威に直面しているのがちいさな地方都市なのです。だからこそ、いまそういったまちでチャレンジすることが、**これからの共通解に、未来の処方箋**になるのではと思います。

また大都市と比べると、ちいさな村や島ははっきりした風土や文化があって読み取りやすく、規制が未整備なぶん、あたらしい挑戦もしやすくなります。そしてなにより、切迫していままさに解決方法を必要としているので、よいものであればすぐに採用されるという状況です。これはまぎれもない好条件。地方だから仕事がないというのはかつての考え方であって、若いチャレンジャーは大都市を飛び出して、各地であたらしい仕事をどんどん発明すべきだと思います。

まちの面積の93％が森林という鳥取県智頭町《ちづ》は大変美しいまちです。奈良時代から畿内《きない》（京都周辺）と因幡《いなば》（鳥取県東部）を結んでいた智頭往来（因幡街道）と備前街道が合流する地域で、宿場町「智頭宿」としてもたくさんの人が行き交いました。ところが現在は少子高齢化が進み、昭和30年ごろの人口1万5000人をピークに、現在では6500人まで減っています。

そんなまちで老朽化する図書館の建て替えの設計プロポーザルがあり、ぼくたちも挑みました。その提案は、図書館の建て替えだけではまちはよくならないのではないか、むしろあたらしい図書館から駅、そして活気を失った商店街からかつての宿場町まで、全長500mほどの道なりをあたらしく「みちごと図書館」と名づけて、ひとつづきの公共空間として楽しい居場所に変えていこうという提案でした。残念ながら結果は次点。図書館としての基礎的な機能を押さえていない、というのが敗因とのことでした。ところが数ヵ月後、ぼくたちの提案を気に入ってくれた役場担当者の進言もあって、図書館本館の設計は別の会社が行うものの、それ以外のエリアをぼくたちが任されることになりました。図書館を建てない図書館づくりの計画が始まったのです。

設計しない仕事なんて、と思うかもしれませんが、ぼくはむしろふつうの仕事よりもおもしろいと思いました。なぜなら、全国に1600ある市町村の中には、図書館の建て替えはおろか、改修する財源すらないところがほとんどです。けれどもあたらしい社会、ライフスタイルに則した図書館、公共空間がほしい、という夢はみんなきっと持っているはず。もし今回、大金をかけずともそれが実現できれば素晴らしい先例となり、予算の限られたたくさんのまちや村に希望を与えることができます。2等でよかった、と思いました。むしろぼくたちしかできない仕事が回ってきたのだと心から感謝しました。

Q29

いま勉強したいことはなんですか。

職業と同じように、学問の領域も変わりつつあります。ぼくがいま勉強したいのは「経済」や「統計」「政治」、そして「歴史」や「地理」だったりしますが、それだけ書くとなんだかたくさんあり過ぎて気が遠くなってきます。けれども別に経済学者や歴史家になりたいわけではありません。そうではなくて、プロジェクトごとに対峙する毎回ばらばらの問いに対して、さまざまな条件や情報のすきまを埋め、**じぶんなりの物語としてつなげていくための接着剤**がその都度ほしいだけです。

智頭の「みちごと図書館」づくりは、明確なゴールイメージやフォーマットがありません。やりながらつぎになにをすべきか考えていく。その結果を見ながらつぎの一手を考える。今回は3年という長めの期間を設けつつも、業務内容はある程度こちらの裁量に任せてもらいました。これはまちの英断というほかありません。

まず考えたのは商店街や宿場町の空き家のシャッターを開け、そこに本や本棚を置いて、図書館の分館「群」として町民に開放するということでしたが、すぐに壁にぶつかりました。図書館には「図書館条例」という自治体ごとのルールがあり、一筋縄ではいきません。仮にそれを改正してまで実現できたとしても、その管理運営費を誰が負担するのか、現実はかなり厳しいです。

つぎに考えたのは「除籍本」を図書館から譲り受けるという方法でした。図書館というのは毎年少しずつあたらしい本を買いそろえていくため、限られた本棚から定期的に除外されていくものがあり、それらは除籍本と呼ばれます。図書館のシールを剥がされて、町内の子育て支援センターや保育園に寄贈されるものもあれば、市民に無償寄付されるものもあります。「みちごと図書館」が各オーナーのお気に入りの私物だけでなく、そういったものの受け皿として展開していけば、少なくとも条例上のハードルはクリアしたことになります。ストリートの各店舗に本棚が散在していて、そこに除籍本がおさめられていけば、見た目は図書館ストリートのようになるでしょう。

でもそれだけでいいのでしょうか。じゃあその本棚はどこに置くのか。まだ商いを続けるちいさなスーパーや化粧品屋さんにいきなり「本棚置かせてください」と言ってもおそらく断られるでしょう。なぜなら彼らにとってそれはあまりメリットがないからです。正しくいうと、じつはメリットはあるのだけど、それがわかりやすく見えてこないのです。

そこでぼくが目をつけたのは「みちごと図書館」の最後の到達点である「石谷家住宅」という国の重要文化財の建物でした。敷地面積3000坪、部屋数40室以上の近代和風建築で、荘厳な雰囲気と見事に手入れされた庭園を見に、全国から観光客がおとずれています。その建物を見れば智頭町の歴史、文化、産業や地理が語れてしまう生きた教材です。しかしながら入館料を払ってでもリピートする施設ではないため、地元の町民はほとんど行くことがありません。まちで育つ子どもたちにとっても、決して身近な場所とは言い難いのです。

まずぼくは、まちが管理しているその文化財の経営状態を探ることにしました。委託運営費、人件費、光熱費、入場料……財務諸表を読み解き、なにが無駄で改善すべきかを洗い出し、担当の会計士さんとも話をしました（シェアオフィスやスタジオを経営していたおかげで、そういったところも知らず知らずのうちに知識がついていました）。そして入り口の土間ホールから喫茶店までを常に無料開放し、まず町民に日常的につかってもらう。場合によっては貸しスペースで稼いでもらう。そのうえで喫茶店を直営からテナントにし、結婚式や貸し切りパーティなども連動してもらいながら売り上げてもらう。建物にほとんど手をつけない代わりに、その運営方法や仕組みをつくり直すことで、経営状況すら改善させる。そこを「みちごと図書館」のボスキャラとすることにしました。

智頭の物語はまだまだ始まったばかりですが、このようにひとつの物語を紡いでいくには、その道の一流でなくても、多岐にわたってふつうよりは少しだけくわしい専門知識があると、発想や選択肢が一気に広がります。少なくとも「専門外」とおびえて逃げ出したりするのではなく、むしろラッキー、いい勉強する機会ができた、と思って楽しみながら勇気を持って挑んでほしいと思います。そしてそうすることで問いに対する本質的な答えにぐっと近づくことができます。

Q30

建築とそれ以外と、どちらが楽しいですか。

結論からいうと、そのふたつに区別はありません。ないように心がけています。

じぶんの仕事の成果物を建築という形式に限定したり、こだわり過ぎてしまうと、それはときに相手にとって最善の答えでなくなってしまうからです。**じぶんの専門分野は万能な武器ではない**、と自覚することこそがプロフェッション（専門職）の責任と節度であると思います。

社会が複雑になって、問いに対する答え、活動に対する効果が一対一でなくなってくると、形式を固定することは職域を狭めるばかりか、公平な道しるべでありづらくなります。だからこそ、常に学び続け、変化する社会の課題に対して、柔軟に対応できるよう準備しておく必要があると思うのです。さらにいえば、いざというときにサポートしてくれるさまざまな異業種の人たちと、日頃から信頼関係を築いておくのがいいですよ。

そしてもし誰かから相談を受けたときは、相手がほんとうに伝えたいこと、困っていることを、ことばや態度の奥から慎重に引き上げることに全力を注ぎましょう。その人は必ずしもじぶんの思いを正確にことばにしているとは限りません。むしろほとんどの相談者がそうでないと思ったほうがいい。

たとえば智頭の「みちごと図書館」について、なぜ行政は図書館を必要としているのか、ということを掘り下げていくと、最終的にはロマンチックな本の風景ではなく、「都市経営」という問題に行き着きます（まちの歴史の記録保存という基本的な役割は置いておいて）。人口が減り、税収が減り、公共サービスが低下することで土地の価値が下がり、路線価が下がることで固定資産税が減り、さらに公共サービスが低下する……という負のスパイラルを脱するためには、まちを楽しく豊かにし、市民一人ひとりの生活の質を向上させていくしかありません。行政府としては図書館をつくるのが目的なのではなく、そうすることで移住したい、商売を始めたい、このまちで子どもを産んで育てたい、という人をひとりでも増やすことがねらいなのです。

じゃあ移住したい、智頭で生活をスタートしたいと思っている人たちにとって、いちばんのハードルはなんなのでしょう。まちに便利なコンビニやチェーン店がない、ということでは決してありません。そういうものを求める人たちは、そもそもこの美しい森のまちにやって来ようとしないのですから。そのあたりを行政が読みちがえて、都会に似せた駅前の再開発などを行うことで、その場所ならではの魅力がさらに失われていく過程をぼくたちは日本中で見てきました。

智頭の場合、いちばんのハードルは住まいでした。空き家も多く値も安いのですが、ほとんどが古い木造の一軒家で、庭や蔵が付いているものも少なくありません。家としては大変立派なのですが、とにかく寒くて暑い。光熱費がいくらかかるのか想像もつかない。たとえ大家さんが勝手にいじってもいい、と言ってくれたとしても、賃貸なのでたくさんお金をかけて断熱改修することもできない。せっかくこのまちに憧れ、あわよくばチャレンジしたいと思っている人たちにとって、これは大きな課題でした。

たいせつなのは、**とにかく実例をひとつつくりあげる**ということ。どんなにちいさな商いでも構わないから、若い移住者がまちに引っ越し、このエリアで商売を始める、という実例を目の当たりにすれば、それはどんなにたくさんの言葉で説明するよりもわかりやすく、説得力があります。そこで役場の担当者と力を合わせながら、鳥取市内でちいさな飲食店を営む奥平くんという若者を口説き落とし、「みちごと図書館」の入り口に位置する比較的大きな一軒家を案内しました。

彼は物件に一目惚れして覚悟を決め、その家の2階に住みながら通りに面した1階で飲食店を開業する決意をしました。事業計画や金融機関との駆け引き、オーナーとの意思疎通など書けばきりがないので省きますが、ぼくは彼が成功するのはもちろんのこと、それがあとへ続く人たちが目指すべきひとつのパターンとなってほしいと思いました。そのためには彼のお店がローコストで寒さをしのげることを証明しなければなりません。鳥取を中心に活躍しながら、各地で「ＤＩＹ断熱ワークショップ」を行っているコモン建築事務所の高藤宏夫さんに現場を見てもらいながら相談したところ、物件があまりに大きく、しかも1階から2階まで階段を通して空気がつながっているため、いつも行っている方法ではコストがかかり過ぎお手上げということでした。ふつうならそれで断られてしまうのですが、高藤さんは「断熱ではなく、床暖房のシステムを格安でつくってみたい。しかもその燃料は智頭にたくさんある薪を使いたい」と言いながら驚くべき手描きの設計図を持ってきました。則巻千兵衛さんのように。その提案を聞いてぼくはうれしくてにやにやしてしまうのをなんとかこらえつつ、高藤さんにこう言いました。

「なるほど、そのかわり条件があります。ふつうは床暖房のシステムを入れるのに１００万円くらいかかってしまうよね。でもそれだと移住者や高齢者はとても手が出ない。性能は50％でいいから、価格を15％まで下げてね」

高藤さんは言いました。

「それはおもしろい！　ぜひ考えましょう」

もうこうなってくると、ぼく自身が仕事をお願いされているのか、しているのか、だんだんわからなくなってきます。けれども楽しいまちの未来、まだ見ぬ豊かな暮らしに向かって、いろんな人の力を合わせながら進んでいくという意味ではまったくぶれていません。とにかく**じぶんの専門領域を決めつけず、そしてじぶんの専門分野の力を信じ過ぎず**、ほんとうのゴールに向かって手段や形式を選ばず進めていくのがぼくのやり方、これからのやり方だと思っています。

CASE 9

職域から自由になる

――「みちごと図書館」の場合

所在地
鳥取県智頭町

全長
約500m

延床面積	建設費
88㎡	900万円

特記事項
新智頭図書館開館（2020年末）に合わせて順次展開予定

□500mの公共空間

あたらしい公共空間をつくるうえで重要なことは、それが単なるハードの整備にとどまらず、ひとつのエリアとしてわかりやすいビジョンを持っていて、それに向けて官民ともに力を合わせて進んでいくことです。

500mにおよぶみちごと図書館の場合は、ちいさなまちの再生を数多く手がけているサルト・コラボレイティヴの加藤寛之さんと一緒に、エリアビジョンを「脈々とつづく、懐かしい未来のまち」と名づけました。そのうえでこのまちの未来のファン、つまりどんな価値観の人がこのまちのことを好きになり、将来かかわってくれるか、キャラクター設定を行いました。

それは、じぶんなりの気持ちよさ、正しさにまっすぐで、人と自然好きで、手づくりに労力をいとわない人。つまりNHKの人気番組『猫のしっぽカエルの手』に登場するベニシアさんのような暮らしが好きな層、通称「ベニシア族」というイメージが出来上がりました。

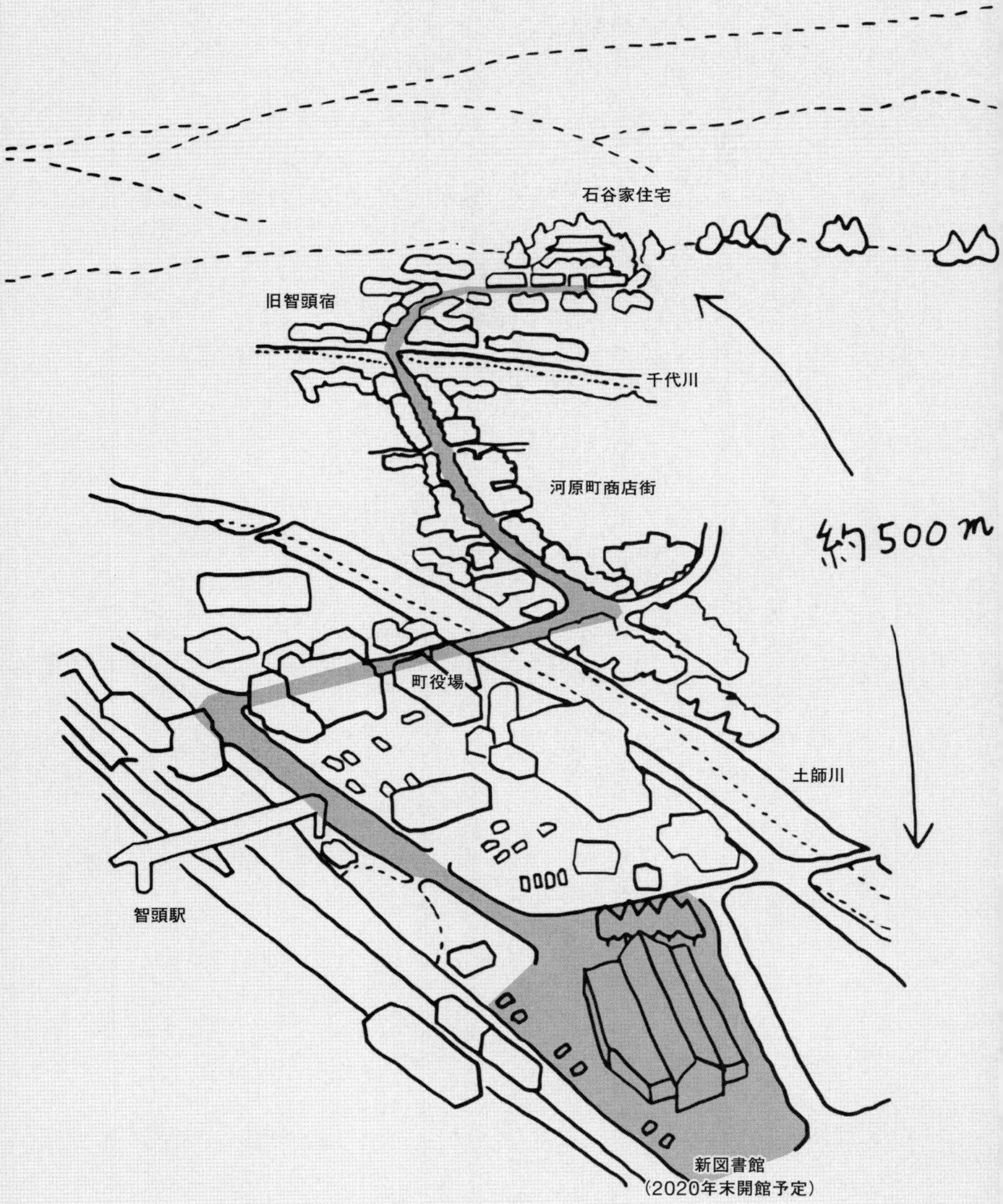
石谷家住宅
旧智頭宿
千代川
河原町商店街
約500m
町役場
土師川
智頭駅
新図書館
(2020年末開館予定)

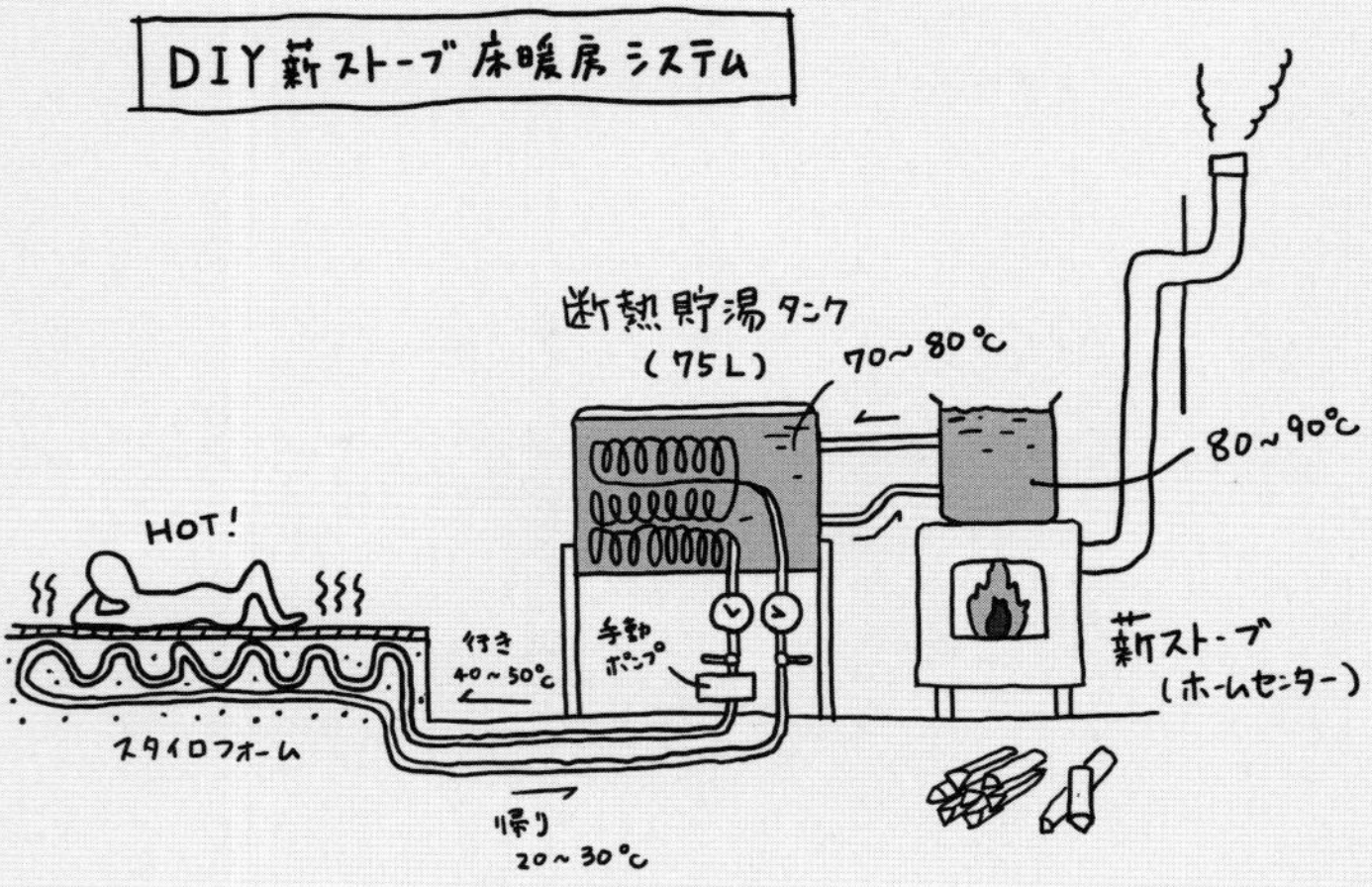

まちづくりを進める場合、世代や性別、住人や観光客、といった分類ではなく、まずは未来のファンにどう伝えるか、よりコアなファンになってくれるか、ターゲットを思いきり絞って、限られたリソース（人、時間、お金）をそこに集中するのがよいと思います。公共空間はすべての人のためのものなので一見矛盾するようですが、むしろそうすることで個性的で選ばれるまちへと変わっていき、結果として魅力的な公共空間となっていくのです。

□15万円でつくる床暖房

建物の温熱環境と健康との関係性はたくさんの研究論文が出ていて、住居の断熱性能を確保すれば、医療費も下がるという報告もされています。けれどもそのコストを考えると、実際の医療費の「もとを取る」には10年以上かかるようです。そこで、贅沢はいわないまでも、なんとか気軽に快適

DIY薪ストーブ床暖房システム材料費

□熱交換器

費目	数量	金額
灯油ボイラー用タンク(75ℓ)	1台	廃品利用
銅管 10×0.8mm	20m	7,035
ポリエチレンパイプ PEX10C	100m	9,530
三相電機マグネットポンプ	1台	10,500
ペール缶(20ℓ)	1個	980
ハンドポンプ	1個	2,835
リザーバータンク(Mサイズ)	1個	3,800
ステンレスフレキ管 13mm/100cm	5本	4,490
タンク内コーディング剤 POR-15	0.75ℓ	4,950
スタイロフォーム t=40mm	1枚	1,400
発泡ウレタンスプレー	2本	1,760
その他接続ホース、金物、スイッチ等	1式	20,359
	合計	67,639

□薪ストーブ

費目	数量	金額
ストーブカマド SKS-510	1台	23,800
煙突および支持金物	1式	41,912
メガネ石 T100 φ120用	1個	5,080
雑費送料	1式	2,210
	合計	73,002

□床暖房パネル

費目	数量	金額
スタイロフォーム t=40mm	1台	22,400
下地合板 t=12mm	1式	16,800
パネル式フローリング(ユカハリ)	1式	リサイクル利用
	合計	39,200

(単位:円)

な温熱環境を手に入れることができないか、多少の性能は目をつぶっても、賃貸住宅や先の見えづらい高齢者でも手が届く製品を発明したいと思いました。

今回のためにコモン建築事務所の高藤さんが考案した、既製品の薪ストーブを改造した熱交換器付きの床暖房システムは、コツさえ学べばじぶんたちで短期間で施工でき、材料費はわずか15万円程度で済みます。熱源である薪は智頭では入手がたやすいので、たとえば町外からの移住者には一定期間薪を無料支給するなどのサービスも実現できればと思っています。

COLUMN

辺境にこそ未来が潜む

まちづくりにおける「リバース・イノベーション」

米国のダートマス大学のビジャイ・ゴビンダラジャン教授とクリス・トリンブル教授が、２００９年に「リバース・イノベーション」という概念を提唱しました。それは新興国や途上国で現地のニーズから開発した製品や技術、アイデアを、先進国の市場に普及しグローバルに拡大させていく戦略のことを示していて、従来の「グローバリゼーション」とは進行方向が逆向きであることがその名前の由来となっています。

彼らの著書『リバース・イノベーション――新興国の名もない企業が世界市場を支配するとき』（２０１２年）の中ではその実例として、インドのマヒンドラの小型トラクターや、タタ・モーターズの乗用車ナノ、ＧＥの電池式小型超音波診断装置やバングラデシュのグラミン銀行など、過酷な状況下の顧客に対応する、不必要なものを削ぎ落とした、廉価で革新的な商品の数々があげられています。そして特筆すべきことは、それらがやがてその外側の社会、世界中の中間層や富裕層のマーケットまで席巻していくプロセスです。

従来であればまず最先端の軍事産業や宇宙開発などの分野で、莫大な予算をかけてプロトタイプをつくり、そこから少しずつ性能やコストを下げ、徐々に一般マーケットへ普及（落下）していきますが、それらはむしろ逆で、新興国市場で成功するため当初から「50％の性能を15％のコストで実現」することが前提となっており、開発時点で抜本的な割り切りが行われ、それこそがまったくあたらしい価値を提供しているのです。ぼくたちはそのとき初めて、ほんとうに必要なもの以外のものを、いつのまにかたくさん持たされて窮屈になっていたことに気づきます。

戦後の日本が目指した「一億総中流社会」は、誰もが一定レベル以上の便利な生活を送るためにさまざまなイノベーションを生み出しました。ところが21世紀になり、世界中で格差が広がり、文化や価値観が多様化していくと、こういった画一的な規格や開発はむしろたくさんの細かい

現在設計中の「（仮称）四万十町文化的施設」（2023年開館予定）では、建設敷地のみならず周辺エリアのまちづくりにも同時に取り組んでいる

（けれども深刻な）ミスマッチを生み出します。官民問わず、「都会で流行っているから」「東京で活躍しているから」という理由で物や人が地方のまちに流れ落ちていく慣習は成り立たなくなってきているのです（頼むほうも頼まれるほうもある種の共犯関係です）。

たとえばデザイナーや建築家にとって、地方の仕事は予算も限られ、規模もちいさく、知名度や発信力が乏しいため、はっきりいうと優先順位の低い仕事になりがちです。けれどもそれは大きな誤りで、これから社会で活躍したい人は、まず地方で成功を収めることが大きな勝機になるでしょう。

なぜかというと、まずニーズや好みが多様化、複雑化している大都市に比べ、地方では土地に応じてはっきりした特徴があり、そのまちの課題も読み取りやすい傾向があります。つまり「問い」と「答え」が組み立てやすいからです。また、大都市では複雑化するさまざまな規制があるのに対し、ちいさな自治体は規制が未整備なぶん、革新的な解決法の足かせになることが少なく、よい提案があればすみやかに採用、実現に到る可能性が高いからです。最後に、その地域特有のあたらしい地場産業が生まれると、それは単なる商品を超えて、あたらしい市場、つまりあたらしい製造、流通、販売、サービス、雇用といったものがつぎつぎと連鎖的に生み出されていくからです。これこそがまさにまちづくりなのです。大都市ではそうはいきません。勇気を持って過去の成功体験を捨て去り、まだ見えない巨大なマーケット、満たされていないニーズに対して、自由で大胆な発想を持って一から取り組んでいくことこそが、これからの鍵になります。辺境にこそ、ぼくたちの未来が潜んでいるのです。

1 かつて図書館は、まちのなかでも静かで落ち着いた場所によくつくられました。そこは本を借りたり、読んだりする場所でした。

2 時代は変わって、図書館はまちの人たちのさまざまな質問や要望に応えてあげる場所になっていきました。

3 そこで、図書館は古くからの文化や商いが残り、そして少し空き家もあるまちの一角に引っ越すことにしました。

4 じぶんの施設でできないことは、まわりにどんどん手伝ってもらうようにすると、近所にも活気が生まれていきました。

5 しばらくすると、近くの空き家を借りて新しい商売を始めたいという人がつぎつぎと現れました。

6 辺り一帯は人通りが増え、空き家も減って家賃が上がり、大家さんたちは喜びました。固定資産税も増えて役場の人もニンマリ。

イラスト：すぎやまえみこ

職業は
選ぶのではなく、
つくろう。

Q31 見ず知らずの土地で仕事をするときのコツはありますか。

初めての場所で初めての人たちに会うとき、じぶんが有能でこんなことができる、知っている、とアピールする必要はありません。それよりもとことん相手の話を聞いてあげること。むしろじぶんはなにも知らないし、ちいさく取るに足らない、くだらない人間なんだというこ とをユーモアを交えて醸し出しましょう。「この人にはなにを聞いても話しても大丈夫」と相手に安心されることが最初の一歩です。

地域の魅力を編集し楽しく伝えていく「たらくさ」の代表、柿原優紀さんらと一緒に、ここ数年日本各地で「ハッピー・アウトドア・シアター」という屋外映画上映会を行っています。それは史上初のアナログ4D上映をうたっていて、かんたんにいうと客席のまわりに配備された「黒子」たちが、シーンに合わせて観客に水をかけたり、煙を出したり、恐竜やピラニアを釣竿で飛ばしたりするという、なんとも馬鹿馬鹿しいイベントです。

人口が減っていく地方都市にとって、いちばんの痛手はじぶんのまちに高校や大学、働き口がないために、子どもたちがまちを出て行ってそのまま戻ってこないことです。親からもちいさいころから「このまちはなにもないから都会に出たほうがいい」と聞かされ、やがて本人も「じぶんのまちはなにもない。つまらない」と言い出します。いったん都会に出てもいいから、「いつかじぶんの生まれ育ったまちに戻ってきたい」と思えるにはなにをしたらよいか、そんな人間をひとりでも多く増やすにはどうすればよいか、ということをいつも考えます。

子どものころ楽しかったまちの思い出をひとつでも増やしてあげることが、遠回りなようでいちばん効果的なまちづくりなのではとぼくは思います。家の中ではなく外の思い出。ひとりではなく、まちの人たちとの楽しい思い出。都会では味わうことのできないそのまち、その風景ならではの思い出。かっこいい建物を設計するよりも、たくさんの子どもたちが「ぼくたちのまちって超楽しい！」と感じる記憶を刻むことのほうが、まちにとっては優先だと思いました。

「ハッピー・アウトドア・シアター」の最大の特徴は、当日のスタッフがほぼ全員地元の人たちということです。そしてなかでも、黒子と呼ばれる演出係がじつは観客よりも断然楽しいということ。運営側の体験をすることで、「まちづくり」が受け身ではなく主体的なものへと変わっていきます。**「なにをしてくれるのか」ではなく「なにをしちゃおうか」**へと

思考が変わっていくのです。どんなに内気な人も全身黒子の衣装を身にまとい、顔に黒いヴェールをかけ、夜空にスクリーンが発光するのを見るとスイッチが入り、サービス精神旺盛ないたずら好きの子どもに戻ってしまうのです。

そういった舞台をお膳立てするために、ぼくたちはまちを歩き回り、いちばんよい会場敷地を見つけ出し、スクリーンや座席の配置計画、映画の版権整理や機材オペレーション、当日のスタッフ全員の動きから、映画に合わせた演出まですべて用意します。そして段ボール製の恐竜や入り口の看板とか、現地制作がむずかしい小道具を携えて現地入りします。本番前日には全員が集まって、映画を何度も見直しながら、タイミングを合わせて水をかけたりシャボン玉を飛ばしたりするリハーサルを何度も繰り返します。

半田ゴテでたくさんの穴を開けたペットボトルに水をためながら、それをどうやって振り回せばきれいに水が飛ぶか、段ボール箱いっぱいに詰めこんだ発泡スチロールのがれきをきちんと遠くまで投げとばすにはどうしたらよいか。そんなことを真剣にレクチャーするおじさんの姿は、滑稽なものに映るかもしれません。けれども**大の大人がそこまで真剣にくだらないことをやっている**、という姿が子どもたちにとって忘れられない思い出、まちへの愛着につながるのです。きっと。

Q32

まちづくりでは子どもと高齢者、どちらが重要ですか。

よく聞かれる質問ですが、どっちが重要かはわかりません。ただぼく自身がふたりの娘を持つ父親として、子どもやその親によりリアルな想像力を働かせることができます。当事者意識を持ちやすいのです。もしかしたらぼくが高齢者になったときに、初めてほんとうに高齢者のためのまちづくりを考えることができるのかもしれません。

浜松で「ハッピー・アウトドア・シアター」を開催したとき、会場はまちのはずれにある幼稚園の園庭で、運営主体はその幼稚園を卒園した子どものママたちでした。お世話になった幼稚園の存続と発展を願って、卒園後もなにか貢献したいという理由でした。そして黒子スタッフは同じまちに住む女子高生たちでした。

女子高生と子育てママ。同じちいさなまちで暮らしていながら、その接点はほとんどありません。初めて顔合わせに来た女子高生もなんとなく手持ち無沙汰で気まずそうで、隅のほうで固まって「呼ばれて来たけどなにか用?」みたいな感じでした。ところがママたちがあの手この手で演出の手ほどきをし、笑いを取りながら一生懸命伝える姿を見て、徐々に彼女たちの表情に笑顔とやる気がみなぎってくるのがわかりました。

ちいさなまちとはいっても、核家族化が進み近所付き合いも減ってきているので、女子高生たちは年上の存在というと、親か学校と塾の先生くらいしか知りません。そうではなくて、親ほど年の離れていない年上のいとこのお姉さん、お兄さんのような存在こそがまちづくりには重要です。なぜなら同じまちに暮らす彼女たちにとっては、若いママたちが**リアリティを感じる近未来のじぶんの姿**だからです。そういう人たちが身近にいて、かつその人があこがれの対象であるということは、まちの未来にとってすごくたいせつです。子どもたちが将来もそのまちで楽しく暮らせることへの勇気や自信を後押ししてくれるからです。

いよいよ本番、最初に会場にやってきたときとは同じ人格とは思えないほど、明るく真剣に、そして一糸乱れぬタイミングで黒子業をこなしていく女子高生たちを見て、事務席のママたちは上映中にもかかわらず感極まり目に涙をためています。映画のエンドロールが流れると、台本にはまったくなかったのに、黒子たちがスクリーンの前に立ち、観客に向かって手をつなぎながら頭を下げ、そして最後はゲートのところに1列にならんで、帰路につくちいさな子どもたち全員にハイタッチをしていきました。彼女たちはたった1日で、

どうしたら観客たちがよろこび、忘れられない思い出となるか、じぶんたちで考え、なにも言わずにそれをしっかり行動に移せるようになったのです。むしろその姿にママたちが学び、そしてまだちいさいじぶんの子どもたちもこの高校生たちのように育ってほしい、と思ったそうです。

Q33

じぶんのやりたいことがわからないのですが、どうやって見つけたらよいですか。

やりたいこと、というのが職業名だとすれば、それは無理をして見つけ出さなくてもよいと思います。それよりもじぶんが見たい世界、風景はどんなものなのか。ささいなことでもいいので、それをなるべく日常的に、具体的にイメージしましょう。

「ハッピー・アウトドア・シアター」が各地に広まりつつあるなか、東京の豊島区からある相談がありました。今度池袋に新しくオープンするホールの建物の、広場に面したガラス張りの巨大な1階ロビーをつかって、オープン前のイベントを企画してほしい、とのことでした。豊島区は、南池袋公園やLIVING LOOPなど公民連携であたらしいまちづくりに積極的に取り組んでいるまちです。そしてぼくもとなり駅に近い要町に住んでいたため、愛着があります。「シアター」は地方の田舎町でやるからこそ意味があるのだし、同じことはできないけれど、池袋に増えつつある子育て世代、これからの子どもたちにじぶんのまちが好きになってもらえるようなきっかけを考えたいと思い、引き受けることにしました。

ただそのときにひとつだけ気がかりがあって、大きな自治体や企業と仕事をする場合、社内や庁内の稟議を通すために計画書や報告書をやたらに求められたり、お金のつかいみちひとつをとっても手続きが面倒だったりします。そのためぼくからの条件として、もしこちらの提案が大筋で気に入ってもらえたら、細かい内容については口を出さないこと、そしてお金のつかいみちも決められた予算内であれば自由にしてよいこと、というのを条件としました。豊島区の宮田さんと、アート・ネットワーク・ジャパンの細川さんがそういったぼくのわがままをゆるし、大変であろう内部調整に尽力してくれたので、ぼくはじぶんがほんとうに見たい「まちの風景」に想像を膨らませました。そしてノートにたった1ページ、手描きの企画メモを描いて送ったところ、ゴーサインが出てしまい、ほんとうにやらざるをえない状況になってしまいました。

ぼくが見たい未来のまちのワンシーンというのは、地域のちいさな子どもたちを、まちの大人たちがたとえじぶんの子ども以外であっても、全力で楽しませ、そしてじぶんたち自身も楽しんでいる、そしてそれをさらに多くの人たちが見て楽しんでいる、という情景です。そこで、子どもたちにフクロウ（池袋のキャラクターといえばもちろんフクロウです）のコスチュームを着せ、未来の池袋のまちを舞台に、黒子の大人たちがちいさなフク

ロウたちを飛ばす「人力遊園地　とべ！とべ！フクロウ」という企画を思い立ったのでした。小むずかしい目的はともかく、大人たちが汗水たらしてたった1羽のちいさなフクロウを飛ばすという馬鹿馬鹿しい光景がとにかく見てみたかったのです。そこにそれ以上の理由なんてありません。

一般社会では、「未だ見ぬもの」を実現するために、その合理性や必然性を証明し、責任者や上司、仲間を説得する必要があります。けれどもほんとうにたいせつなことは**じぶんが見たい光景**を意識し、たとえささやかなことであっても、それを実現し、記録し、伝えることです。それを続けていくと「この人が言っているのだからよくわからないけどきっとうまくいく」という評価、信頼がまわりから少しずつ得られるようになります。ぼくは若い人たちに一日も早くそうなってほしいと思います。想像力は時間とともに失われていくことが多いから、そうなる前にちいさくても思いを実現する腕力をつけてほしいのです。そして子どもフクロウが日本中のまちで大らかに元気いっぱい羽ばたいてほしいのです。

CASE 10

未来をつくる子どもをつくる

――「ハッピー・アウトドア・シアター」「とべ！とべ！フクロウ」の場合

□100万円で子どもたちに夢を

よく「映画イベントは儲かるんですか？」「それだけで食べていけますか？」という質問を受けます。残念ながらぼくの答えはノーです。ただしそれが本業でなければ十分なリターンを得られる可能性はあります。

「ハッピー・アウトドア・シアター」の場合、スクリーンや座席のしつらえなどにもよりますが、１回あたりの事業費はおよそ１００万～１５０万円くらいです。それでもぼくの人件費は出ないばかりか、演出に凝るあまりいつも身銭を切ってしまいます。進めていくうちにどうしても追加の飾り付けをしたくなったり、煙やシャボン玉の量を増やしたくなったりしてしまうからです（費用内訳は一般公開しています）。

けれども、それによって出会える人や風景は、必ずやつぎの仕事や利益をあなたにもたらしてくれます。本業でないからこそ、そういったものがもたらされる。それはもう確信としか言えません。

でもなによりしあわせなのは、上映中にスクリーンの光に照らされた子どもたちの笑顔を幕のすきまから見られること。これに尽きます。

□30人の理想的なチームを組織する

「ハッピー・アウトドア・シアター」で大変な業務のひとつにシフト組みがあるのですが、「とべ！とべ！フクロウ」の場合はその役割がさらに多岐

ハッピー・アウトドア・シアター（2016年 山形県鶴岡市）収支決算

	費目	金額（単位：円）	備考
収入	クラウドファウンディング収入	909,470	
	協賛金および募金	199,811	
	鑑賞料金	47,500	大人500円×95人　※子ども無料
	合計	**1,156,781**	
支出	クラウドファウンディング返礼品	125,240	
	映像編集費	95,340	協賛CM、エンドロール作成
	交通費	122,520	
	特殊効果材料費	26,069	
	保険・郵送その他雑費	17,160	
	広告宣伝費	61,340	ポスター、フライヤー
	委託上映費	183,600	映写機リース、オペレーター人件費、上映素材費
	会場設営費	396,849	スクリーン、客席、入口ゲートなど
	交通規制費	127,455	道路使用許可、ガードマン
	合計	**1,155,573**	
	差引残額	**1,208**	

にわたり、しかも集まってくれたボランティアの人たちは参加時間もばらばらといった感じだったので、困り果てました。そこで一か八か、「自分のやりたい仕事をやってください。ただし、まわりをよく見て、困っている仲間がいたら手伝ってあげてください。そしてなにより子どもたちを安全に、思い切り楽しませてください」とだけ伝え、シフト表をつくることを放棄しました。

結果的にはほぼ完璧に機能しました。「子どもたちのために」という目的を明確に共有し、それ以外の動きや権限をそれぞれに委ねると、30人程度の集団であればむしろ統率するようりうまくいきやすいことを学びました。

社会的信用の前に
自分的信用を
持とう。

あとがき

いまはまだない仕事にやがてつく君たちへ

２０１１年８月、ＮＹタイムズ紙にニューヨーク市立大学教授キャシー・デビッドソンのインタビューが掲載されました。内容は、その年にアメリカの小学校に入学した子どもたちの65％は、いま存在していない職業に就くだろう、というものでした。

決して大きくないその記事に世間はざわめきました。

「話の筋としてはわかるけれど、クラスの3分の2だって？　それってもうほとんどみんなみたいな感じじゃないか」

大人になったらなにになりたい？

いつの時代も繰り返される質問に、パン屋さん、保育士さん、サッカー選手……夢いっぱいに答える子どもたちは、みないまある職業から選びます。でも現実は、ほとんどの子どもがこれから20年くらいのあいだに生まれる、まだ名前すらないあたらしい仕事に就くか、あるいはじぶん自身でそれを発明する時代に差し掛かったのです。では、いまはない仕事をどうやって発明すればいいのでしょう。

あたまの中に1本の大きな木を想像してください。

ぼくがむかし思っていた「建築家になりたい」という夢はあくまで端っこの枝葉に過ぎなかったのです。じゃあその葉っぱの付け根の枝、つまりその出どころはなにか。ぼくにとっては「かっこいい場所をつくりたい」でした。じゃあその枝の付け根のもっと太い枝はなにか。それは「楽しいまちに住みたい」でした。とするとその枝が生える太い幹の部分はなにか。それは「これからのまちがもっと楽しくなってほしい」ということでした。では最後に、大地に突き刺さる木の根っこの部分、これはなにかというとぼくの場合は「未来のまちを楽しくする子どもたちをつくりたい」ということに気づきました。最近ようやく。

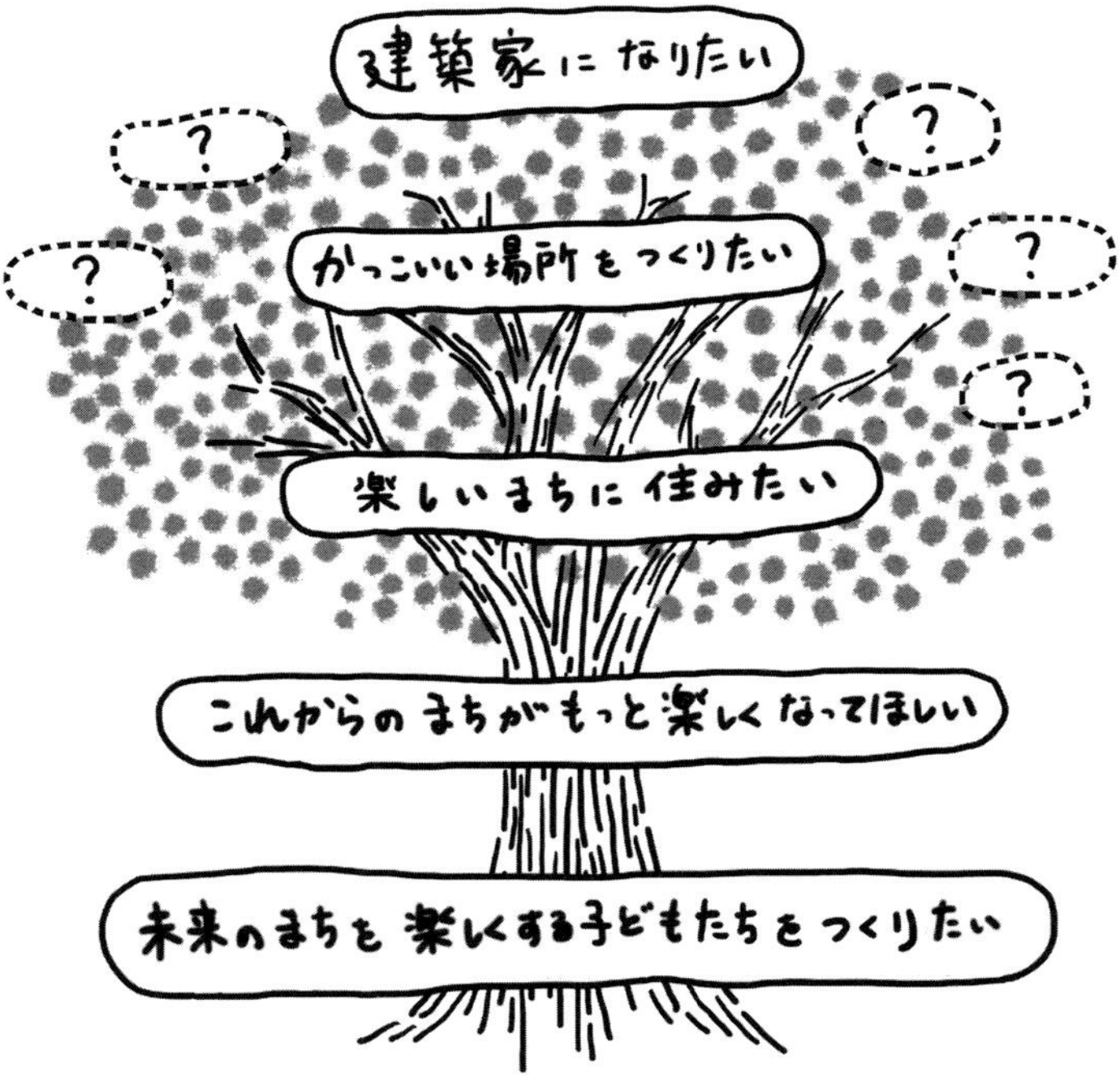
建築家になりたい
?
?
かっこいい場所をつくりたい
?
?
?
楽しいまちに住みたい
これからのまちがもっと楽しくなってほしい
未来のまちを楽しくする子どもたちをつくりたい

この大きな木には、たくさんの枝葉が生い茂っています。建築家になること以外にも無数に枝分かれしています。みちで映画を上映したり、子どもたちと段ボールのまちをつくってみたり、マルシェで中古の絵本と雑貨をセットにして売ってみたり……じつはそれも含めてひとつの同じ仕事なのです。同じ根からのびた葉っぱであれば、先入観にとらわれずあなたはそれをやるべきだし、もしそれが根元につながらないのであれば、たとえどんなにお金を積まれたとしてもやめたほうがいいでしょう。あなたの木がやがて少しずつ全体的に枯れていくからです。

もうわかりましたよね。

いまはない仕事というのは一からつくるまったくあたらしい仕事ではなく、すでにある仕事の領域がずれたり、重なったりしながら、固定観念にとらわれることなく時代の必要性にあたらしくフィットさせ、そしてそれをときに行ったり来たりする、そういう境界線の再定義に過ぎないのです。じぶんの木の、多様な枝葉を探し続けてください。高さや日当たりによって、その多様さに驚くはずです。

ぼくたちはともすると手段を目的と混同しがちです。「いい学校や会社に入りたい」「マイホームを建てたい」「年収１０００万はほしい」。じつはそのどれもが手段であって、達成したところでほんとうの満足には到達できません。その根っこにあるほんとうの希望、この時代に生まれたじぶんが世界に対してやるべきこと、たくさんでなくてもいいから必要なぶん稼ぐことができて、しかも楽しんで継続的に取り組める主題はなにか。そういった「根っこ探し」がたいせつなのです。

子どものうちは看護師さんでもアイスクリーム屋さんでもユーチューバーでも、どんどん具体的な夢を見ていていい。でもそれと同時になぜそうなりたいのか、その結果どんな世界にしたいのか、そういったことを考えたり、あるいはまわりの大人たちが問いかけることがたいせつなんだと思います。そうすればあなたは20年後、いつのまにかじぶんなりの「あたらしい仕事」を発明しているでしょう。

いまはまだない仕事にやがてつく君たちへ。
大地からたくさんの養分を吸い上げ、やがて色あざやかな葉や実をつける、強い強い根を育んでください。いまはまだか細くあやふやで、頼りなげに感じているとしても。

いつもぼくの変なわがままにいやな顔せず（たまにするけど）寄り添い、要所で必ず的確に導いてくれる彰国社の神中さん、本に素敵な世界観を与えてくれた氏デザインの前田さんと星野さん、そしていつも助けてくれる事務所のスタッフと、協力事務所の才能あふれるみなさん、こんなぼくたちに仕事をもちかけてくれる各地の自治体やクライアントのみなさん、そしてなにより、家を空けがちなぼくをどんなときも支え続けてくれる妻と娘たちに、心から愛と感謝を伝えたいと思います。

コロナ禍の東京にて

2020年11月

三浦丈典

写真クレジット

Jérémie Souteyrat	7上、68、91～107、137～139
淺川 敏	119、131、140上、141、142、149、155
奥平 大	144上、205
金子俊男	140下
木下裕見子	1～6、7下、8、25、29、41、46、51、83、212
髙橋菜生	167
三浦丈典	21、38、144下、153、157、173～199、209

著者略歴

三浦丈典（みうら・たけのり）

建築家、スターパイロッツ代表

1974年、東京都生まれ。大小さまざまな設計活動に関わる傍ら、日本各地でまちづくり、行政支援に携わる。著書に『起こらなかった世界についての物語』『こっそりごっそりまちをかえよう。』（ともに彰国社刊）など。

いまはまだない仕事にやがてつく君たちへ
建築家・三浦丈典が未来への悩みにこたえる

2020 年 12 月 10 日　第 1 版 発　行

著作権者との協定により検印省略

著　者　三　浦　丈　典
発行者　下　出　雅　徳
発行所　株式会社　**彰　国　社**

162-0067 東京都新宿区富久町 8-21
電話　03-3359-3231（大代表）
振替口座　00160-2-173401

自然科学書協会会員
工 学 書 協 会 会 員

Printed in Japan

印刷：三美印刷　製本：ブロケード

ISBN 978-4-395-32160-5　C3052　https://www.shokokusha.co.jp